全国技工院校市场营销专业任务驱动型教材（高级技能层级）
全国高等职业学校市场营销专业教材

JINGJIFA GAILUN

经济法概论

主　编：尤维芳
主　审：曾　萍

中国劳动社会保障出版社

图书在版编目(CIP)数据

经济法概论/尤维芳主编. -- 北京：中国劳动社会保障出版社，2018

全国技工院校市场营销专业任务驱动型教材. 高级技能层级 全国高等职业学校市场营销专业教材

ISBN 978-7-5167-2878-9

Ⅰ.①经… Ⅱ.①尤… Ⅲ.①经济法-中国-高等职业教育-教材 Ⅳ.①D922.29

中国版本图书馆 CIP 数据核字(2018)第 134534 号

中国劳动社会保障出版社出版发行

（北京市惠新东街 1 号 邮政编码：100029）

*

北京市艺辉印刷有限公司印刷装订 新华书店经销

787 毫米×1092 毫米 16 开本 10.25 印张 199 千字

2018 年 7 月第 1 版 2018 年 7 月第 1 次印刷

定价：21.00 元

读者服务部电话：（010）64929211/84209101/64921644

营销中心电话：（010）64962347

出版社网址：http://www.class.com.cn

http://zyjy.class.com.cn

简介

本书为国家级职业教育规划教材，适用于全国技工院校市场营销专业（高级技能层级）和全国高等职业学校市场营销专业，由人力资源社会保障部教材办公室组织编写。

教材从市场营销专业人员必备的经济法律法规知识入手，主要介绍了经济法基础知识、公司法、合同法、市场规制法律制度、劳动合同与社会保险法律制度等方面的内容。教材引入了大量的真实案例，并结合理论知识对案例进行了解读和分析，以此帮助学生更好地理解所学内容。

教材配有电子课件，可通过职业教育教学资源和数字学习中心（http://zyjy.class.com.cn）免费下载。

本书由尤维芳任主编，王在勤、周晓燕、戚海成参加编写，赵秀云任主审。

目录 CONTENTS

第一章　经济法基础知识

第一节　经济法律关系

知识目标

➢ 了解经济法的概念及调整对象

➢ 了解经济法的渊源

➢ 掌握经济法律关系的概念、要素、主体和内容

能力目标

➢ 能够判断经济法律关系的主体和客体

一、经济法概念的由来

1755年，法国著名的空想社会主义者摩莱里（Morelly）在《自然法典》一书中首先使用了“经济法”这个概念，这是经济法最早的语源。摩莱里提到的“经济法”仅限于分配领域，但已经含有国家对社会生活进行干预的思想主张。

最早提出比较接近现代经济法理念的是法国著名经济学家和政治家蒲鲁东（Proudhon）。蒲鲁东在其所著的《论工人阶级的政治能力》一书中提出：“法律应当通过普遍和解来解决社会生活矛盾，为此需要改组社会，由经济法来构成新社会组织的基础。”

1843年，法国空想共产主义者德萨米（Dezamy）在《公有法典》中将“分配法和经济法”作为专章进行论述。

德国学者赫德曼（Hedemann）于1916年在《经济学字典》中使用过“经济法”概念，他认为经济法是经济规律在法律上的反映。赫德曼关于经济法概念的认识，尚不具有严格的科学含义，但已经是对现实经济法律制度的概括。他于1920年成立了经济法研究所，开课讲授经济法，经济法的概念就这样流传开来，现代意义上的经济法概念基本形成。

二、经济法的概念及调整对象

经济法是调整国家在管理与协调经济运行中发生的经济关系的法律规范的总称。经济法的调整对象是国家需要干预的特定经济关系。这里所说的“干预”，是指国家作为一种外在的力量，主要采取间接的法律手段，对社会经济生活所进行的计划、组织、管理、调节和监督。特定经济关系主要有以下几点。

1. 国家规范经济组织过程中发生的经济关系

国家规范经济组织是为了防止垄断组织的出现，从组织上保证市场经济的顺利发展。涉及这方面的法律有公司法等。

2. 国家干预市场经济运行过程中发生的经济关系

国家对市场经济运行进行干预是经济法的重要调整方式。涉及这方面的法律有证券法、票据法、破产法、金融法、保险法、房地产法、环境保护法等。

3. 国家管理、规范经济秩序过程中发生的经济关系

国家管理、规范经济秩序，体现了国家管理经济的职能。涉及这方面的法律有反垄断法、反不正当竞争法、消费者权益保护法和产品质量法等。

4. 国家在经济调控中发生的经济关系

国家对市场经济运行实行宏观调控，使各部门运行协调，使市场经济运行平稳。涉及这方面的法律有财政法、税法、价格法、会计法等。

经济法的实质在于立足社会整体利益，以法律的形式反映国家对市场经济关系的影响。经济法以管理为手段、以协调为目的，是政府经济管理的基本法律准则和手段。

三、经济法的渊源

经济法是经济法律规范的总称。经济法借以存在和表现的形式是国家机关根据其权限范围所制定的各种规范性文件，即经济法的渊源。

1. 宪法

宪法是国家的根本大法，由全国人民代表大会制定，具有最高的法律效力，是经济法的基本渊源，是经济法立法的基础。

2. 法律

法律是由全国人民代表大会及其常务委员会制定的规范性文件，是经济法的主要渊源。

3. 行政法规和地方性法规

行政法规是由国家最高行政机关——国务院，在法定职权范围内为实施宪法和法律规定发布的规范性文件。

地方性法规是省、自治区、直辖市的人民代表大会及其常务委员会，在与宪法、法律和行政法规不相抵触的前提下，根据本地区的具体情况和实际需要，制定并发布的规范性文件。

4. 规章

规章包括国务院部门规章和地方政府规章。国务院部门规章是指国务院各部委、中国人民银行、审计署和具有行政管理职能的直属机构，根据法律和国务院的行政法规、决定、命令，在本部门的权限范围内制定的规章。地方政府规章是指省、自治区、直辖市和较大市的人民政府，根据法律、行政法规和本省、自治区、直辖市的地方性法规制定的规章。

5. 民族自治条例和单行条例，以及特别行政区的有关法律

民族自治条例和单行条例是指民族自治地方的人民代表大会，依照当地民族的政治、经济和文化特点制定的自治条例和单行条例。民族自治条例和单行条例不得违背法律或者行政法规的基本原则，不得对宪法和民族区域自治法的规定以及其他有关法律、行政法规专门就民族自治地方所作的规定作出变通规定。特别行政区的有关法律是指特别行政区基本法、依法予以保留的特别行政区原有法律和特别行政区立法机关依法制定的法律。

6. 司法解释

司法解释是指最高人民法院在总结审判实践经验的基础上发布的指导性文件和法律解释。

7. 国际条约、协定

国际条约、协定是指我国作为国际法主体缔结或参加的国际条约、双边或多边协定及其他具有条约、协定性质的文件。

四、经济法律关系

1. 经济法律关系的概念

经济法律关系是指经济法主体根据经济法律规范产生的、经济法主体之间在国家管理与协调过程中形成的权利与义务关系。

2. 经济法律关系的要素

经济法律关系的要素是指构成经济法律关系的必要条件，由主体、内容、客体三个

要素构成，缺一不可。

（1）经济法律关系的主体

经济法律关系的主体简称经济法主体，是指在经济法律关系中享有权利、承担义务的当事人或参加者。关于经济法律关系主体资格的规定，既体现在经济法中，也体现在其他法律中。经济法主体资格一般通过两种方式取得：一是法定取得，即依据法律的规定而取得；二是授权取得，即依据有授权资格的机关授权从而取得的可以对社会经济生活实施某种干预的资格。

我国经济法律关系主体主要有以下五种。

1）国家及国家机关。国家可以作为一般经济法的主体参加经济法律关系，如发行国债、以政府名义与外国签订经济贸易协定或国内采购合同。在国际法上，国家是国际法关系的主体。

国家机关主要是指国家经济管理机关，是具有经济管理职权、参加经济法律关系的主体。共分为三类：一是综合性经济管理机关，如财政部、中国人民银行等，主要负责对国民经济全局进行宏观调控；二是行业性经济管理机关，如交通运输部、农业农村部等，主要负责对国民经济特定部门、行业进行管理；三是职能性经济管理机关，如国家税务总局、国家工商行政管理总局、审计署等，主要是在市场管理和宏观经济调控过程中发挥重要作用。

2）企业、事业单位及内部组织。企业和事业单位是最典型的经济法主体，如企业、公司、学校、医院等。企业、事业单位的内部组织，如分厂、分公司、内部承包单位等，虽然不具有法人资格，但也可以成为经济法律关系的主体，并以自己的名义进行经营活动，但其法律后果由企业、事业单位承担。

3）社会团体。社会团体是指由公民或组织依法自愿组成的从事公益事业、党团事务、行业协会等的社会组织，如消费者协会、红十字会等。

4）公民（自然人）。公民是较为常见的经济主体，其参加的经济法律关系如税收等。

5）个体工商户及农村承包经营户。个体工商户是指公民在法律允许的范围内，依法经核准登记，从事工商业经营的家庭或户，个体工商户可以起字号，并以其字号进行活动。农村承包经营户是指在法律允许的范围内，按照承包合同规定从事商品经营的个体。农村承包经营户是农村集体经济组织的成员，以“户”为主体参与经济活动，一般要承担连带责任。

（2）经济法律关系的内容

经济法律关系的内容是指经济法主体依法享有的经济权利和承担的经济义务，它是经济法律关系的基础和核心。

1）经济权利。经济权利是指经济法主体依法能够作为或不作为和要求他人作为或不作为某种行为的资格。其含义有四层：首先，经济法主体有权作出一定行为，如国家经济管理机关的宏观调控行为、企业的竞争行为等；其次，经济法主体可以依法不作出一定行为，如公民依法放弃继承权等；再次，经济法主体可以依法要求他人作出一定行为，如环境保护部门有权要求排污企业缴纳排污费用、企业登记管理机关有权要求企业办理年检等；最后，经济法主体可以依法要求他人不作出一定的行为，如国家经济管理机关有权要求企业不得作虚假广告，财产所有权人有权要求他人不作出侵害其所有权或妨碍其所有权行使的权利。

经济权利主要包括两种。

①经济职权。经济职权是指国家经济管理机关进行经济管理时依法享有的权利。经济职权产生于国家授权或法律规范的直接规定，必须依法行使不得滥用；同时，经济职权也不可随意转让、放弃和抛弃。对于国家机关来说，经济职权既是权利又是义务。经济职权的内容包括经济决策权、命令权、审批权、确认权、许可权、禁止权、监督权、奖惩权、检查权、撤销权等。

②其他经济权利。其他经济权利是指除经济职权以外的经济权利，包括所有权、经营管理权、法人财产权、经济债权、工业产权等。

2）经济义务。经济义务是指经济法主体依法必须作为和不作为某种行为的责任。其含义有三层：首先，经济法义务主体应根据权利主体的要求，依法作为和不作为一定的行为，以保证权利主体的权益得到实现，如房屋承租方必须交纳租金，不得故意毁坏房屋及其设施等；其次，义务主体必须履行的义务限制在法定或约定的范围，如不得毁坏公共财物等；最后，义务主体应自觉履行义务，如不履行或履行不当，将受到法律的制裁，如合同不履行或履行不规范，应按约定支付违约金等。

经济权利与经济义务相依而存，两者具有相对性、对等性。

（3）经济法律关系的客体

经济法律关系的客体是指经济法律关系的主体享有的经济权利和承担的经济义务所共同指向的对象。经济法律关系客体的种类通常包括以下四种。

1）物。物是指能满足人们需要，并能为人们所控制和支配的具有经济价值的各种物质资源，包括自然物，如土地、水流、森林等；人类劳动生产的产品，如机器设备、交通工具等；充当一般等价物的货币和有价证券，如股票、债券等。

2）非物质财富。非物质财富也称精神财富或精神产品，包括智力成果和道德产品。智力成果是指人们脑力劳动所创造的无形财富，如发明创造、实用新型、外观设计、商标、经济信息等。道德产品是指人们在各种社会活动中所取得的非物化的道德价值，如荣誉称号、嘉奖表彰等。

3）经济行为。经济行为是指经济法主体为实现某种经济目的而进行的有意识、有意志的活动。经济法律关系中的经济行为主要表现为经济管理行为，既包括国家经济管理机关对国民经济进行管理的行为，也包括经济管理的相对主体接受管理的相应行为。

4）人身。人身是由各个生理器官组成的生理整体（有机体），它是人的物质形态，也是人的精神意志的物质体现。随着现代科技和医学的发展，如输血、植皮、器官移植、人体解剖等现象大量出现，人体成为法律关系的客体已成为不争的事实。但需要注意的是，一是人的整个身体，显然不是法律上的“物”，因此，禁止拐卖人口、买卖器官等行为；二是不得滥用人身或自贱人身和人格；三是必须依法进行对人身权的行使，不得超出法律授权的界限。

典型案例分析

甲公司与乙公司于4月1日签订一份合同，约定由乙公司加工3 000件男式西裤，单价200元。甲公司于4月10日向乙公司支付预付款20万元，其余款项于收到服装后10日内支付完毕。乙公司需于4月30日前完成加工，以便甲公司于5月1日节日期间销售。双方约定一旦出现纠纷，提交仲裁委员会仲裁。

思考：甲公司与乙公司是否形成了经济法律关系？其构成要素有哪些？

分析：甲公司与乙公司之间以合同书的方式签订了合同，因而两者之间形成了经济法律关系。在这个经济法律关系中，主体为甲公司和乙公司，内容为两者相互享有取得西裤或收取货款的权利和相互承担支付货款或交付西裤的义务，客体为货款和西裤。

思考与练习

1. 简述经济法的概念和调整对象。
2. 简述经济法律关系的概念及其构成要素。

第二节　法律事件与民事法律行为

知识目标

➢ 了解法律事件和民事法律行为的概念及特征

➢ 掌握民事法律行为的有效要件

能力目标

➢ 能够判断法律事件和民事法律行为对经济法律关系的发生、变更、消灭的影响经济法律规范本身并不能必然在经济法主体之间形成权利与义务关系，只有在一定的经济法律事实出现后，才能使经济法律关系以经济法律规范为依据而发生、变更和消灭。法律事实能否引起一定的法律后果，或者引起何种特定的法律后果，最终都取决于法律的规定。只有为法律规范支配的事实，才是法律事实。

根据法律事实的发生是否与当事人的意志有关，可以将法律事实分为法律事件与民事法律行为两种。

一、法律事件

法律事件是指不以经济法主体的主观意志为转移而产生的法律事实，包括自然事件和社会事件。自然事件又称绝对事件，即不是由人为因素引起的事件，如自然灾害等。社会事件又称相对事件，即由人的行为引起但不以当事人的意志为转移的事件，如战争等。

二、民事法律行为

1. 民事法律行为的概念及特征

民事法律行为是指依经济法主体意志为转移的，为达到一定经济目的而进行的有意识的活动。民事法律行为根据不同的分类标准有多种分类方式，但不管是哪种类型的法律行为，都可以引起经济法律关系的发生、变更或消灭。

2. 民事法律行为的分类

（1）合法行为和违法行为

按法律行为的性质，民事法律行为可以分为合法行为和违法行为。合法行为是指行为人所实施的具有一定的法律意义、与法律规范要求相符合的行为。违法行为是指行为人所实施的违反法律规范的要求并应受惩罚的行为。

（2）积极行为和消极行为

按法律行为的外在表现情况，民事法律行为可以分为积极行为和消极行为。积极行为又称作为，是指以积极的、主动的形式表现的，具有法律意义的行为。消极行为又称不作为，是指以消极的、抑制的形式表现的，具有法律意义的行为。例如，购货方按时支付货款的行为是积极行为，单位领导授意会计将假发票填写入账而会计拒绝的行为是消极行为。

（3）表示行为与非表示行为

按法律行为是否通过意思表示作出，民事法律行为可以分为表示行为和非表示行为。表示行为又称意思表示行为，是指行为人基于意思表示而作出的具有法律意义的行为。非表示行为是指非经行为人意思表示，而是基于某种事实状态即具有法律效果的行为。例如，买卖行为是意思表示行为，发现遗失物是非表示行为。

(4) 单方行为和多方行为

按民事法律行为成立需要的意思表示，民事法律行为可以分为单方行为和多方行为。单方行为是指由法律主体一方的意思表示即可成立的法律行为。多方行为是指由两个或两个以上的多方法律主体意思表示一致而成立的法律行为。例如，订立遗嘱、行政命令等是单方行为，签订合同是多方行为。

(5) 要式行为和非要式行为

按法律行为是否必须采取法律规定的形式，民事法律行为可以分为要式行为和非要式行为。要式行为是指必须具备某种特定形式或程序才能成立的法律行为。非要式行为是指无须特定形式或程序即能成立的法律行为。例如，房屋买卖是要式行为（必须经过房屋登记过户手续），一般商品买卖是非要式行为。

(6) 有偿行为和无偿行为

按法律行为是否需要当事人偿付代价，民事法律行为可以分为有偿行为和无偿行为。有偿行为是指当事人相互之间享有权利时必须偿付相应代价的法律行为。无偿行为是指一方当事人享有权利时不需偿付任何代价的法律行为。例如，买卖行为、租赁行为是有偿行为，赠与行为、借用行为是无偿行为。

(7) 诺成性行为和实践性行为

按法律行为生效是否以标的物的交付为要件，民事法律行为可以分为诺成性行为和实践性行为。诺成性行为是指仅以双方当事人意思表示一致即告成立的法律行为。实践性行为是指不仅要求双方当事人意思表示一致，而且要交付实物才能成立的法律行为。例如，签订技术开发合同是诺成性行为，签订借贷合同是实践性行为。

典型案例分析

会计王某在单位负责人的授意下，将一张个人外出发票作为出差差旅费报销。

思考：王某与单位负责人的行为是否构成法律行为？

分析：会计王某和单位负责人有造假行为，均构成法律行为，属于违法行为，也属于积极行为。

3. 民事法律行为的有效要件

(1) 行为人具有相应的民事行为能力

《中华人民共和国民法总则》（以下简称《民法总则》）规定，不满8周岁的未成年人和不能辨认自己行为的成年人，为无民事行为能力人，由其法定代理人代理实施民事法律行为；限制民事行为能力人，即8周岁以上的未成年人和不能辨认自己行为的成年人，只能进行与其智力或精神健康状况相适应的民事活动，其他民事活动应由其法定代理人代理，或征得其法定代理人同意后进行；完全民事行为能力人，即年满18周岁的成年人和16周岁以上以自己的劳动收入为主要生活来源的未成年人，可以独立地在其民事权利能力范围内进行民事活动。行为人民事行为能力的行使只有与其民事权利范围相适应，才能发生法律效力。

（2）意思表示要真实

意思表示要真实是指行为人的意思表示是其自觉、自愿作出的，同时与其内心所表达的意思相一致。

（3）不违反法律或社会公共利益

不违反法律或社会公共利益是指行为人民事法律行为不得损害社会经济秩序、社会公共秩序、社会公德，以及国家、各类社会组织或个人利益。

4. 无效民事法律行为

无效民事法律行为是指不构成产生民事法律行为有效要件的行为。无效民事法律行为包括以下五种：

（1）无民事行为能力人或限制民事行为能力人独立实施的行为。

（2）一方以欺诈、胁迫的手段损害国家利益的行为。

（3）恶意串通，损害国家、集体、第三人利益的行为。

（4）违反法律、行政法规的强制性规定的行为。

（5）以合法形式掩盖非法目的的行为。

5. 可撤销民事法律行为

可撤销民事法律行为是指民事行为虽已成立并生效，但因意思表示不真实，可以因行为人撤销权的行使，使其自始不发生效力的民事行为。

（1）行为人对行为内容有重大误解的民事行为。

（2）显失公平的民事行为。

（3）一方以欺诈、胁迫的手段或者乘人之危，使对方在违背真实意思的情况下所实施的民事行为。

可撤销的民事行为，当事人可以在可撤销的民事行为发生之日起一年内（可撤销合同自权利人知道或应当知道可撤销的事由之日起一年内），请求人民法院或仲裁机构予以变更或撤销。当事人请求变更的，人民法院或仲裁机构不得撤销。当事人请求撤销的，人民法院或仲裁机构可以酌情予以变更或撤销。

典型案例分析

甲向乙购买一批高档商品，价款5万元。乙称其商品为进口原装商品，后甲向专家咨询，确认该商品为组装产品，价值3万元。甲极为不满，两人发生纠纷。

思考：该民事法律行为如何处理能维护甲的权益？

分析：乙的行为属于以欺诈的手段，使甲在违背真实意思的情况下实施的民事行为，因此属于可撤销的民事法律行为。甲可以向法院或仲裁机构申请撤销，撤销后该行为归于无效，甲应当返还商品，乙应当归还货款。

6. 效力待定民事法律行为

效力待定民事法律行为是指行为成立时，其是有效还是无效尚不能确定，还待其后一定事实的发生来确定其效力的民事行为。效力待定民事行为包括以下三种：

（1）限制民事行为能力人实施的依法不能独立实施的民事行为。

（2）无权代理行为。

（3）无权处分行为。

7. 非有效民事行为的法律后果

（1）返还财产

返还财产是指民事行为当事人在民事行为被确认无效或者被撤销以后，对已交付给对方的财产享有返还请求权，而已接受该财产的当事人则有返还财产的义务。民事行为无效或者被撤销后，就意味着双方当事人之间没有任何经济法律关系存在，那么就应该让双方当事人的财产状况恢复到经济法律关系产生前的状态下，因此，不论接受财产的一方是否具有过错，都应当负有返还财产的义务。返还财产主要适用于已经作出履行的情况，如果当事人尚未开始履行，或者说财产尚未交付，不适用返还财产这一原则。

（2）赔偿损失

赔偿损失是指当事人由于不履行义务或者履行义务不符合约定，给对方造成财产上的损失时，由违约方以其财产赔偿对方所蒙受的财产损失的一种违约责任形式。赔偿损失不仅适用于有效民事行为的违约行为，也适用于无效民事行为所造成的损害赔偿。

（3）收缴财产

收缴财产是指当事人恶意串通，实施的民事行为损害国家、集体或者第三人利益的，应收缴其取得的或约定取得的财产，收归国家所有或者返还集体、第三人。

思考与练习

1. 民事法律行为的有效要件是什么？
2. 无效民事法律行为有哪些？
3. 可撤销民事法律行为有哪些？
4. 效力待定民事法律行为有哪些？

第三节　经济纠纷的概念及解决途径

知识目标

- ➢ 掌握经济纠纷的概念及解决途径
- ➢ 明确仲裁的适用范围及原则
- ➢ 了解诉讼管辖的形式、诉讼时效的规定及诉讼的审判程序

能力目标

- ➢ 能够根据经济纠纷的特点，合理选择解决纠纷的方法

一、经济纠纷的概念

经济纠纷是指经济法律关系主体之间因经济权利和经济义务的矛盾而引起的权益争议，包括平等主体之间涉及经济内容的纠纷和公民、法人或者其他组织作为行政管理相对人与行政机关之间因行政管理所发生的涉及经济内容的纠纷。

二、经济纠纷的解决途径

经济纠纷的解决途径主要有当事人协商和解、有权机关进行调解、仲裁、民事诉讼、行政复议和行政诉讼六种。

仲裁与民事诉讼都是适用于横向关系经济纠纷的解决方式。作为平等民事主体的当事人之间发生的经济纠纷，可以在仲裁或者民事诉讼两种方式中选择一种解决争议。有效的仲裁协议可排除法院的管辖权，只有在没有仲裁协议或者仲裁协议无效，或者当事人放弃仲裁协议的情况下，法院才可以行使管辖权，这在法律上称为“或裁或审”原则。

当公民、法人或者其他组织认为行政机关的具体行政行为侵犯其合法权益时，可采取申请行政复议或者提起行政诉讼的方式解决。行政复议与行政诉讼方式都是针对纵向关系经济纠纷的解决方式，都由行政管理相对人一方提出申请，选择哪种方式则与纠纷的性质有关。根据法律的不同规定，有的可以直接向法院起诉，或者先申请行政复议，对行政复议决定不服时再起诉；有的则只能通过行政复议的方式解决，由行政机关对纠纷作出最终裁决。

下面具体讲述较为常见的仲裁和民事诉讼两种解决方式。

1. 仲裁

（1）仲裁的概念及特征

仲裁是指由经济纠纷的当事人共同选定仲裁机构，对纠纷依法定程序作出具有约束力的裁决的活动。仲裁具有以下主要特征：

1）以双方当事人自愿协商为基础。

2）由双方当事人自愿选择中立第三方（仲裁机构）进行裁判。

3）仲裁裁决对双方当事人都具有约束力。

（2）仲裁的基本原则

1）自愿原则。

2）以事实为依据，以法律为准绳，公平、合理地解决纠纷原则。

3）独立仲裁原则。

4）一裁终局原则。

（3）仲裁的适用范围

仲裁的适用范围见表 1—1。

表 1—1　　仲裁的适用范围

适用范围	具体情况说明
可以提请仲裁	平等主体的公民、法人和其他组织之间发生的合同纠纷和其他财产权益纠纷
不能提请仲裁	1. 关于婚姻、收养、监护、抚养、继承等问题的纠纷 2. 依法应当由行政机关处理的行政争议
不适用仲裁法，而由别的法律予以调整	1. 劳动争议的仲裁 2. 农村集体经济组织内部的农业承包合同纠纷的仲裁

（4）仲裁机构

仲裁机构主要是指仲裁委员会。仲裁委员会是有权对当事人提交的经济纠纷进行审理和裁决的机构。仲裁委员会独立于行政机关，与行政机关没有隶属关系，仲裁委员会之间也没有隶属关系。

仲裁委员会由主任 1 人，副主任 2~4 人和委员 7~11 人组成。仲裁委员会主任、副主任和委员由法律、经济贸易方面专家和有实际工作经验的人员担任。仲裁委员会的组成人员中，法律、经济贸易方面专家不得少于总人数的 2/3。

（5）仲裁协议

1）仲裁协议的概念。仲裁协议是指双方当事人自愿把他们之间可能发生或者已经发生的经济纠纷提交仲裁机构裁决的书面约定。仲裁协议应当以书面形式订立，口头协议无效。仲裁协议包括合同中订立的仲裁条款和以其他书面形式在纠纷发生前或纠纷发生后达成的请求仲裁的协议。

2）仲裁协议的内容。仲裁协议的内容包括请求仲裁的意思表示、仲裁事项和选定的仲裁委员会。

仲裁协议对仲裁事项或者仲裁委员会没有约定或者约定不明确的，当事人可以补充协议，达不成协议的，仲裁协议无效。

典型案例分析

2015 年，刘某购买华丰房地产公司“物语新城”两居室房屋一套，价格 120 万元。合同中约定，房款交纳、房屋交付使用后 3 个月可办理房产证，若发生合同履行争议，由本地仲裁机构仲裁。刘某按合同约定，分三期交纳了房款，华丰房地产公司与刘某办理了房屋交付手续。3 个月后，刘某在办理房产证时发现房地产公司不能如约办妥房产初始登记，于是刘某要求退房，并要求房地产公司赔偿其因此造成的损失。房地产公司认为，未能如约办妥相关手续，责任并不完全在公司，因而拒绝了刘某的要求。刘某于是按购房合同约定，向当地仲裁委员会请求仲裁。房地产公司接到仲裁委员会的通知后，认为刘某的请求超出了原合同约定的仲裁范围，遂拒绝出庭参与仲裁。

思考：1. 刘某的请求是否适用仲裁？

2. 房地产公司应如何表达自己的不同意见？

分析：1. 刘某的请求属于因合同履行发生的争议。在刘某按约交纳房款，并办理房屋交付手续后，房地产公司未能及时办理好相关过户手续，属于合同未能履行，因此属于仲裁范围。

2. 房地产公司可以以仲裁机构约定不明确为由，另行与刘某协商重新达成补充协议，若达不成补充协议的，仲裁协议无效。

（6）仲裁裁决

仲裁不实行级别管辖和地域管辖，仲裁委员会应当由当事人协议选定。仲裁庭可以由 3 名仲裁员或者 1 名仲裁员组成。当事人约定由 3 名仲裁员组成仲裁庭的，设首席仲裁员，应当各自选定或者各自委托仲裁委员会主任指定 1 名仲裁员，第 3 名仲裁员是首席仲裁员。当事人约定由 1 名仲裁员组成仲裁庭的，应当由当事人共同选定或者共同委托仲裁委员会主任指定仲裁员。

仲裁员有下列情形之一的，必须回避：

1）是本案当事人或者当事人、代理人的近亲属。

2）与本案有利害关系。

3）与本案当事人、代理人有其他关系，可能影响公正仲裁的。

4）私自会见当事人、代理人，或者接受当事人、代理人请客送礼的。

仲裁应当开庭进行，但不公开进行，如当事人协议公开，可以公开进行，但涉及国家秘密的除外。

裁决应当按照多数仲裁员的意见作出，少数仲裁员的不同意见可以记入笔录。仲裁庭不能形成多数意见时，裁决应当按照首席仲裁员的意见作出。仲裁庭在作出仲裁前，当事人可以自行和解，仲裁庭也可以先行调解，调解不成的，应当及时作出裁决书。裁决书自作出之日起发生法律效力。若一方当事人不履行裁决的，另一方当事人可以申请人民法院强制执行。

2. 民事诉讼

（1）民事诉讼的概念

民事诉讼是指人民法院依照法律规定，在当事人和其他诉讼参与人的参加下，运用审判权解决纠纷的活动。

（2）民事诉讼的适用范围

民事诉讼的适用范围是人民法院受理的公民之间、法人之间、其他组织之间以及他们相互之间因财产关系和人身关系提起的民事诉讼。具体包括下列情形：

1）因民法、婚姻法、收养法、继承法等调整的平等主体之间的财产关系和人身关系发生的民事案件。

2）因经济法、劳动法调整的社会关系发生的争议。

3）适用特别程序审理的选民资格案件和宣告公民失踪、死亡等非讼案件。

4）按照督促程序解决的债务案件。

5）按照公示催告程序解决的宣告票据和有关事项无效的案件。

（3）诉讼管辖

诉讼管辖是指各级法院之间以及不同地区的法院之间，受理第一审民事案件、经济纠纷案件的职权范围和具体分工。诉讼管辖主要分为以下四种形式：

1）级别管辖。级别管辖是指上下级人民法院受理第一审案件的分工和权限。我国人民法院分为四级，即基层人民法院、中级人民法院、高级人民法院和最高人民法院。大多数民事案件均归基层人民法院管辖。

2）地域管辖。地域管辖是指确定同级人民法院之间在各自管辖的地域内审理第一审案件的分工和权限。地域管辖又分为一般地域管辖和特殊地域管辖，具体内容见表1—2。

表1—2　地域管辖类别及其内容

地域管辖类别	定义	内　容
一般地域管辖	是以被告住所地为依据确定案件的管辖法院，实行“原告就被告”原则	1. 被告住所地与经常居住地不一致的，由经常居住地人民法院管辖 2. 对不在中华人民共和国境内居住的人和对下落不明或者宣告失踪的人提起的有关身份关系的诉讼、对被采取强制性措施或者被监禁的人提起的诉讼，由原告住所地人民法院管辖 3. 原告住所地与经常居住地不一致的，由原告经常居住地人民法院管辖

续表

地域管辖类别	定义	内 容
特殊地域管辖	是以诉讼标的所在地、法律事实所在地为标准确定管辖法院，也称特别管辖	1. 因合同纠纷提起的诉讼，由被告住所地或者合同履行地法院管辖 2. 因保险合同纠纷提起的诉讼，由被告住所地或者保险标的物所在地法院管辖 3. 因票据纠纷提起的诉讼，由票据支付地或者被告住所地法院管辖 4. 因公司设立、确认股东资格、分配利润、解散等纠纷提起的诉讼，由公司住所地人民法院管辖 5. 因铁路、公路、水上、航空运输和联合运输合同纠纷提起的诉讼，由运输始发地、目的地或者被告住所地法院管辖 6. 因侵权行为提起的诉讼，由侵权行为所在地（包括侵权行为实施地、侵权结果发生地）或者被告住所地法院管辖 7. 因铁路、公路、水上和航空事故请求损害赔偿提起的诉讼，由事故发生地、车辆或船舶最先到达地、航空器最先降落地或者被告住所地法院管辖 8. 因海难救助费用提起的诉讼，由救助地或被救助地船舶最先到达地法院管辖 9. 因船舶碰撞或者其他海事损害事故请求损害赔偿提起的诉讼，由碰撞发生地、碰撞船舶最先到达地、加害船舶被扣留地或者被告住所地法院管辖 10. 因共同海损提起的诉讼，由船舶最先到达地、共同海损理算地或航程终止地法院管辖

3）专属管辖。专属管辖是指法律强制规定某类案件必须由特定的法院管辖，其他法院无权管辖，当事人也不得协议变更的管辖。具体包括：

①因不动产纠纷提起的诉讼，由不动产所在地法院管辖。

②因港口作业中发生纠纷提起的诉讼，由港口所在地法院管辖。

③因继承遗产提起的诉讼，由被继承人死亡时住所地或者主要遗产所在地法院管辖。

4）共同管辖和选择管辖。共同管辖是从法院角度而言的，是指法律规定两个以上的法院都有管辖权。选择管辖是从当事人角度而言的，是指当两个以上法院都有管辖权时，当事人可以向其中一个法院提起诉讼，如当事人向两个以上有管辖权的法院提起诉讼的，由最先立案的法院管辖。

典型案例分析

南京市兴隆公司与武汉市新星公司在南通市签订了一份合同，该合同履行地在温州市。合同中的仲裁条款约定：如本合同发生争议，提交南通市仲裁委员会仲裁。现兴隆公司与新星公司发生合同纠纷，兴隆公司欲申请仲裁，得知南通市未设仲裁委员会，但南京、武汉、温州三个市均设立了仲裁委员会。

思考：兴隆公司可以向哪个法院起诉？

分析：兴隆公司可以向武汉市或温州市的法院起诉。按照一般地域管辖规定，因合同纠纷引起的诉讼，由被告住所地或合同履行地人民法院管辖。

（4）诉讼时效

1）诉讼时效的概念和作用。诉讼时效是指从当事人知道或者应当知道权利被侵害时起计算，不在法定期间内行使权利而失去诉讼保护的制度。有特殊情形的，人民法院可以延长诉讼时效。诉讼时效届满，权利人丧失诉讼权，但权利人的实体权利并不消灭，债务人自愿履行的，不受诉讼时效的限制。诉讼时效的作用如下：

①督促权利人及时行使权利。法律只保护积极行使权利的人。

②维护既定法律秩序的稳定。权利人长期不向义务人主张权利，就会使义务人认为权利人已经放弃其请求权，从而形成一种稳定的社会秩序和法律秩序。在经过相当长的时间后，权利人才行使权利，就会导致既定的社会秩序被破坏，不利于法律秩序的稳定。

③有利于证据的收集和判断，并能够及时解决纠纷。

2）诉讼时效期间的具体规定。诉讼时效期间的分类及具体规定见表1—3。

表1—3　诉讼时效期间的分类及具体规定

诉讼时效期间	定义	适用类型和时效
普通诉讼时效期间	普通诉讼时效期间也称一般诉讼时效期间，是指由民事普通法规定的具有普遍意义的诉讼时效期间	除法院另有规定外，自2017年10月1日起，一般诉讼时效为3年
特别诉讼时效期间	特别诉讼时效期间也称特殊诉讼时效期间，是指由民事普通法或特别法规定的，仅适用于特定民事法律关系的诉讼时效期间	1. 诉讼时效为1年。具体包括： （1）身体受到伤害要求赔偿的诉讼 （2）出售质量不合格的商品未声明的诉讼 （3）延付或拒付租金的诉讼 （4）寄存财物被丢失或者损毁的诉讼 2. 国际货物买卖合同和技术进出口合同争议提出诉讼的，诉讼时效为4年 3. 人寿保险合同的被保险人或者受益人请求支付保险金的合同债权，自其知道或者应当知道保险事故发生之日起计算，诉讼时效为5年
最长诉讼时效期间	最长诉讼时效期间也称绝对时效期间，从权利被侵害之日起超过20年的，人民法院不予保护	20年是法律保护的最长期限

3）诉讼时效期间的中止、中断和延长。诉讼时效期间的中止、中断和延长的定义及适用情形见表1—4。

表1—4　　诉讼时效期间的中止、中断和延长的定义及适用情形

类别	定义	适用情形
诉讼时效期间的中止	诉讼时效期间的中止是指在诉讼时效进行期间，因发生法定事由阻碍权利人行使请求权，诉讼依法暂时停止进行，并在法定事由消失之日起继续进行的情况，又称为时效的暂停。我国《民法总则》规定，在诉讼时效期间的最后6个月内，因不可抗力或者其他障碍不能行使请求权的，诉讼时效中止，诉讼时效从中止时效的原因消除之日起继续计算	1. 权利被侵害的无民事行为能力人、限制行为能力人没有法定代理人，或者法定代理人死亡、法定代理人丧失代理权、法定代理人丧失行为能力 2. 继承开始后继承人尚未确定或者非因继承人的原因导致遗产管理人不明确，使继承人不能行使其继承权
诉讼时效期间的中断	诉讼时效期间的中断是指在诉讼时效进行期间，因发生一定的法定事由，致使已经发生的时效期间归于无效，待时效中断的事由消除后，诉讼时效期间重新计算的情况。诉讼时效期间的中断是依当事人主观意志而实施的行为	1. 起诉，即权利人依诉讼程序主张权利，请求人民法院强制义务人履行义务，故诉讼时效因此而中断，并从人民法院裁判生效之时重新起算 2. 请求，即权利人直接向义务人作出请求履行义务的意思表示。请求改变了不行使请求权的状态，故应中断诉讼时效，并从此次请求履行义务意思表示作出起重新计算 3. 承诺，即义务人在诉讼时效进行中直接向权利人作出同意履行义务的意思表示。基于义务人认诺所承担的义务，使双方当事人之间的权利与义务关系重新得以明确，诉讼时效自此中断，并即时重新起算。承诺的方式包括部分清偿、请求延期给付、支付利息、提供履行担保等
诉讼时效期间的延长	诉讼时效期间的延长是指在诉讼时效期间届满后，权利人基于某种正当理由请求人民法院根据具体情况延长时效期间，经法院审查确认以后决定延长的制度	适用于已经届满的诉讼时效

典型案例分析

2015年3月15日，甲、乙双方签订A种货物买卖合同。双方约定，3月20日前

甲交付A种货物给乙，乙收到货物验收没有问题后于同年4月20日前支付货款。但乙并未按期支付货款，甲因筹建新项目，也未及时向乙要求支付货款。2016年11月7日，甲因车祸受伤成了植物人，因由谁担任其监护人发生争议，迟至2017年6月19日才确定由丙担任甲的监护人。2017年8月10日，丙清理甲的财产时，发现尚有乙的欠款没有追回，遂向乙主张权利，因乙认为该债务诉讼时效期间已过不愿偿还而发生纠纷。

思考：1. 甲对乙的付款请求权的诉讼时效期间从何时计算？为什么？

2. 本案例中，甲对乙的付款请求权是否已过诉讼时效期间不受保护？为什么？

分析：1. 甲对乙的付款请求权的诉讼时效期间从2015年4月21日开始计算。本案例中，甲出售A种货物给乙，双方约定，甲于2015年3月20日交付货物，乙于1个月后向甲付款，那么甲享有的付款请求权为约定履行期限的债权请求权，其履行期限届满之日为2015年4月20日，其诉讼时效期间应从届满之日的第2天开始计算，故为2015年4月21日。

2. 甲对乙的付款请求权受法律保护。若甲未发生车祸，货款支付纠纷属于普通经济纠纷，其诉讼时效为2年（自2017年10月1日起为3年），即于2017年4月20日为止。但本案例中，2016年11月7日甲因车祸受伤成了植物人，因对由谁担任其监护人发生争议，迟至2017年6月19日才确定由丙担任甲的监护人，这一事由属于诉讼时效中止中的其他障碍。该障碍发生在诉讼时效进行的最后6个月内，故发生诉讼时效中止的效力，也就是说，从2016年11月7日至2017年6月19日这一诉讼时效进行中的期间，不应该计算在诉讼时效期间之内，诉讼时效期间应从2017年6月20日起继续计算。按照这一计算，权利人甲对付款义务人乙的请求权的诉讼时效至2017年12月3日届满，现甲的监护人丙代理甲于2017年8月10日主张权利，未超过诉讼时效期间，其请求权受法律保护。

（5）审判程序

我国的经济审判实行“两审终审”制度，即一个案件最多经过两级法院的审判即告终结的制度。第一审程序为起诉和受理、审理前的准备、开庭审理、调解、判决。第二审程序为提起上诉、上诉案件的审理、判决（维持原判、改判或发回重审）。

若判决发生效力后发现判决、裁定有错误的，依法提出对原案重新进行一种特别程序，称为审判监督程序，是对生效判决错误的纠正，属于特殊程序。审判监督程序不影响已生效判决、裁定的执行，不属于常规的审判程序。

（6）执行程序

当事人拒绝履行生效的判决、裁定、调解书和其他应当履行的法律文书时，双方当事人可以向人民法院的执行组织申请执行，强制义务人履行义务。申请执行的期限从法律文书规定履行期间的最后一日起计算，双方或者一方当事人是公民的，期限为 1 年，双方是法人或其他组织的，期限为 6 个月。

思考与练习

1. 经济纠纷的解决途径有哪些？
2. 仲裁的基本原则有哪些？
3. 简述诉讼时效期间的中止、中断的异同。

第二章　公司法

第一节　有限责任公司的设立

知识目标

➢ 掌握公司法及公司的概念

➢ 了解有限责任公司的组织机构

能力目标

➢ 能够模拟有限责任公司的注册流程

一、公司法的概念

公司法是指规定公司设立程序、组织机构、活动原则及其对内、对外关系的法律规范的总称。从狭义上讲，公司法是指 1993 年 12 月 29 日第八届全国人民代表大会常务委员会第五次会议通过，并于 2013 年 12 月 28 日第十二届全国人民代表大会常务委员会第六次会议进行修订，于 2013 年 12 月 28 日中华人民共和国主席令第八号公布，自 2014 年 3 月 1 日起施行的《中华人民共和国公司法》（以下简称《公司法》）。

二、公司的概念及种类

1. 公司的概念

公司是指依照公司法设立的以营利为目的的企业法人。我国的公司具有以下特征：

（1）依法设立

公司必须依法设立，通常依据《公司法》设立，同时也要符合其他法律规定。

（2）以营利为目的

公司设立的目的是为了营利，营利的目的不仅要求公司本身为营利而活动，而且要求公司有营利时应当分配给股东。

（3）公司法人财产权与股东权利分离

股东投入的资产形成公司的法人财产权，公司依法对法人财产享有占有、使用、收益、处分的权利。股东投资额则形成股东权利，股东享有参与决策、收益处分的权利。

（4）具有法人资格

我国依法设立的公司都具有法人资格，独立享有民事权利和承担民事责任。

2. 公司的种类

根据不同分类标准对公司进行分类，可以分为四种。

（1）根据股东对公司所负责任的不同分类

1）无限公司，即股东对公司债务承担无限连带责任的公司。

2）有限责任公司，即所有股东以其出资额为限对公司债务承担有限责任的公司。

3）两合公司，即由无限责任股东和有限责任股东共同组成的公司。

4）股份有限公司，即全部资本分为金额相等的股份，所有股东均以其所持股份为限对公司的债务承担责任的公司。

（2）根据公司在控制与被控制关系中所处地位的不同分类

1）母公司，即拥有其他公司一定数额的股份或根据协议能够控制、支配其他公司的人事、财务、业务等事项的公司。

2）子公司，即一定数额的股份被另一公司控制或依照协议被另一公司实际控制、支配的公司，子公司依法具有法人资格。

（3）根据公司在管辖与被管辖关系中所处地位的不同分类

1）总公司，即依法设立并管辖公司全部组织的具有企业法人资格的总机构。

2）分公司，即依法设立的以分公司名义进行经营活动，其法律后果由总公司承担的分支机构，分公司不具有法人资格。

（4）根据公司的信用基础分类

1）人合公司，即公司的经营活动以股东个人的信用为基础的公司。

2）资合公司，即公司的经营活动以公司的资本规模为基础的公司。

3）人资兼合公司，即公司的经营活动以股东个人信用及公司资本规模为基础的公司。

在我国《公司法》中所称的公司仅指有限责任公司和股份有限公司。

三、有限责任公司的概念及特征

1. 概念

有限责任公司又称有限公司，是指股东以其认缴的出资额为限对公司承担责任，公司以其全部财产为限对公司的债务承担责任的公司。

2. 特征

（1）股东人数有最高数额限制。有限责任公司的股东由 50 个以下的股东出资设立。

（2）有限责任公司的股东以其认缴的出资额为限对公司承担责任。

（3）公司设立程序简便，组织机构简单。

四、有限责任公司的组织机构

1. 股东会

有限责任公司股东会由全体股东组成。股东会是公司的权力机构。

（1）股东会的职权

1）决定公司的经营方针和投资计划。

2）选举和更换非由职工代表担任的董事、监事，决定有关董事、监事的报酬事项。

3）审议批准董事会的报告。

4）审议批准监事会或者监事的报告。

5）审议批准公司的年度财务预算方案、决算方案。

6）审议批准公司的利润分配方案和弥补亏损方案。

7）对公司增加或者减少注册资本作出决议。

8）对发行公司债券作出决议。

9）对公司合并、分立、解散、清算或者变更公司形式作出决议。

10）修改公司章程。

11）公司章程规定的其他职权。

对前款所列事项，股东以书面形式一致表示同意的，可以不召开股东会会议，直接作出决定，并由全体股东在决定文件上签名、盖章。

（2）股东会会议的召开

股东会会议分为定期会议和临时会议，首次股东会会议由出资最多的股东召集和主持，定期会议应当依照公司章程的规定按时召开。

召开股东会会议，应当于会议召开 15 日前通知全体股东。有限责任公司设立董事会的，股东会会议由董事会召集，董事长主持；董事长不能履行职务或者不履行职务的，由副董事长主持；副董事长不能履行职务或者不履行职务的，由半数以上董事共同推举一名董事主持。有限责任公司不设董事会的，股东会会议由执行董事召集和主持；董事会或者执行董事不能履行或者不履行召集股东会会议职责的，由监事会或者不设监事会的公司的监事召集和主持；监事会或者监事不召集和主持的，代表 1/10 以上表决权的股东可以自行召集和主持。

若有代表 1/10 以上表决权的股东、1/3 以上的董事、监事会或者不设监事会的公司的监事提议召开临时会议的，应当召开临时会议。

股东会应当对所议事项的决定作成会议记录，出席会议的股东应当在会议记录上签名。股东会会议由股东按照出资比例行使表决权，公司章程另有规定的除外。

2. 董事会

（1）董事会的组成

有限责任公司设董事会，董事会设董事长 1 人，可以设副董事长，其成员为 3~13 人。两个以上的国有企业或者两个以上的其他国有投资主体投资设立的有限责任公司，其董事会成员中应当有公司职工代表，其他有限责任公司董事会成员中可以有公司职工代表。董事会中的职工代表由公司职工通过职工代表大会、职工大会或者其他形式民主选举产生。

董事任期由公司章程规定，但每届任期不得超过 3 年。董事任期届满，连选可以连任。

（2）董事会的职权

董事会对股东会负责，行使下列职权：

1）召集股东会会议，并向股东会报告工作。

2）执行股东会的决议。

3）决定公司的经营计划和投资方案。

4）制定公司的年度财务预算方案、决算方案。

5）制定公司的利润分配方案和弥补亏损方案。

6）制定公司增加或者减少注册资本以及发行公司债券的方案。

7）制定公司合并、分立、解散或者变更公司形式的方案。

8）决定公司内部管理机构的设置。

9）决定聘任或者解聘公司经理，并根据经理的提名决定聘任或者解聘公司副经理、财务负责人。

10）制定公司的基本管理制度。

11）公司章程规定的其他职权。

（3）董事会会议的召开

董事会会议由董事长召集和主持；董事长不能履行职务或者不履行职务的，由副董事长召集和主持；副董事长不能履行职务或者不履行职务的，由半数以上董事共同推举一名董事召集和主持。

董事会应当对所议事项的决定作成会议记录，出席会议的董事应当在会议记录上签名。董事会决议的表决，实行“一人一票”制度。

3. 经理

经理列席董事会会议，对董事会负责。经理由董事会决定聘任或者解聘。股东人数较少或者规模较小的有限责任公司，可以设一名执行董事，不设董事会，执行董事可以兼任公司经理。经理行使下列职权：

（1）主持公司的生产经营管理工作，组织实施董事会决议。

（2）组织实施公司年度经营计划和投资方案。

（3）拟订公司内部管理机构设置方案。

（4）拟订公司的基本管理制度。

（5）制定公司的具体规章。

（6）提请聘任或者解聘公司副经理、财务负责人。

（7）决定聘任或者解聘除应由董事会决定聘任或者解聘以外的管理人员。

（8）董事会授予的其他职权。

4. 监事会

（1）监事会的组成

有限责任公司设监事会，其成员不得少于 3 人。监事会设主席 1 人，由全体监事过半数选举产生。监事的任期每届为 3 年，监事任期届满，连选可以连任。监事可以列席董事会会议，并对董事会决议事项提出质询或者建议。

监事会应当包括股东代表和适当比例的公司职工代表，其中职工代表的比例不得低于 1/3，具体比例由公司章程规定。监事会中的职工代表由公司职工通过职工代表大会、职工大会或者其他形式民主选举产生。股东人数较少或者规模较小的有限责任公司，可以设 1~2 名监事，不设监事会。

（2）监事会的职权

1）检查公司财务。

2）对董事、高级管理人员执行公司职务的行为进行监督，对违反法律、行政法规、公司章程或者股东会决议的董事、高级管理人员提出罢免的建议。

3）当董事、高级管理人员的行为损害公司的利益时，要求董事、高级管理人员予以纠正。

4）提议召开临时股东会会议，在董事会不履行法律规定的召集和主持股东会会议职责时召集和主持股东会会议。

5）向股东会会议提出提案。

6）依法对董事、高级管理人员提起诉讼。

7）公司章程规定的其他职权。

（3）监事会会议的召开

监事会会议由监事会主席召集和主持；监事会主席不能履行职务或者不履行职务的，由半数以上监事共同推举一名监事召集和主持监事会会议。董事、高级管理人员不得兼任监事。

监事会或不设监事会的公司的监事发现公司经营情况异常，可以进行调查；必要时，可以聘请会计师事务所等机构协助其工作，费用由公司承担。

监事会每年度至少召开一次会议，监事可以提议召开临时监事会会议。监事会决议应当经半数以上监事通过。监事会应当对所议事项的决定作成会议记录，出席会议的监事应当在会议记录上签名。

五、有限责任公司设立的条件和流程

1. 有限责任公司设立的基本条件

企业注册有限责任公司，在申请注册前应当了解开办公司的基本条件。有限责任公司设立的基本条件具体包括：

（1）股东符合法定人数，不超过 50 人。

（2）股东共同制定公司章程。

（3）有公司名称，建立符合有限责任公司要求的组织机构。

（4）有固定的生产经营场所和必要的生产经营条件。

2. 注册有限责任公司的流程

（1）办理公司名称核准

第一步　到工商行政管理部门领取并填写企业名称预先核准申请书（一般可在网上申报），见表 2—1。

第二步　递交有限责任公司全体股东签署的企业名称预先核准申请书、股东法人资格证明或自然人的身份证明、公司登记机关要求提交的其他文件，等待名称核准结果。

表 2—1　　企业名称预先核准申请书（样本）

注：请仔细阅读本申请书“填写说明”，按要求填写。

企业设立名称预先核准	
申请企业名称	
备选企业名称（请选用不同的字号）	1.
	2.
	3.
经营范围	
注册资本（金）	（万元）
企业类型	
住所所在地	

续表

<table>
<tr><th colspan="5">企业设立名称预先核准</th></tr>
<tr><td>投资人姓名或名称</td><td>证照号码</td><td>投资额（万元）</td><td>投资比例（%）</td><td>签字或盖章</td></tr>
<tr><td></td><td></td><td></td><td></td><td></td></tr>
<tr><td></td><td></td><td></td><td></td><td></td></tr>
<tr><td></td><td></td><td></td><td></td><td></td></tr>
<tr><td>指定代表人或者委托代理人</td><td colspan="4"></td></tr>
<tr><td colspan="5">指定代表人或者委托代理人的权限：
1. 同意□不同意□核对登记材料中的复印件并签署核对意见；
2. 同意□不同意□修改有关表格的填写错误；
3. 同意□不同意□领取企业名称预先核准通知书。</td></tr>
<tr><td>指定或者委托的有效期限</td><td colspan="4">自　　年　　月　　日
至　　年　　月　　日</td></tr>
<tr><td rowspan="4">指定代表人或者委托代理人、具体经办人信息</td><td colspan="4">姓　　名：</td></tr>
<tr><td colspan="4">身份证号：</td></tr>
<tr><td colspan="4">联系电话：</td></tr>
<tr><td colspan="4">（指定代表人或者委托代理人、具体经办人身份证明复印件粘贴处）</td></tr>
<tr><td>申请人签字或盖章</td><td colspan="4">年　　月　　日</td></tr>
</table>

注：1. 手工填写表格和签字请使用黑色或蓝黑色钢笔、签字笔，请勿使用圆珠笔。

2. 指定代表人或者委托代理人的权限需选择“同意”或者“不同意”，请在□中打√。

3. 指定代表人或者委托代理人可以是自然人，也可以是其他组织；指定代表人或者委托代理人是其他组织的，应当另行提交其他组织证书复印件及其指派具体经办人的文件、具体经办人的身份证件。

第三步　领取企业名称预先核准通知书，同时领取企业设立登记申请书等有关表格。

企业名称预先核准通知书（样本）

（　　）名预核内字［　　］第　　号

根据《企业名称登记管理规定》《企业名称登记管理实施办法》等规定，同意预先核准下列（　　）个投资人出资，注册资本（金）（　　）万元（人民币），住所设在（　　），企业名称为：

投资人、投资额和投资比例：

以上预先核准的企业名称保留期至　　年　　月　　日。在保留期内，企业名称不得用于经营活动，不得转让。经企业登记机关设立登记，颁发营业执照后企业名称正式生效。

核准日期：　　年　　月　　日

注：1. 预先核准的企业名称未到企业登记机关完成设立登记的，通知书规定的有效期满后自动失效。有正当理由，需延长预先核准名称有效期的，申请人应在有效期满前1个月内申请延期。有效期延长时间不超过6个月。

2. 名称预先核准时不审查投资人资格和企业设立条件，投资人资格和企业设立条件在企业登记时审查。申请人不得以企业名称已核为由抗辩企业登记机关对投资人资格和企业设立条件的审查。企业登记机关也不得以企业名称已核为由不予审查就准予企业登记。

3. 企业登记机关应在企业设立登记之日起30日内，将加盖登记机关印章的企业营业执照复印件反馈给企业名称核准机关备案。未备案的，企业名称将得不到有效保护。

4. 企业设立登记后，企业登记机关应将本通知书原件存入企业档案。

（2）办理开户行许可证

到经工商行政管理部门确认的入资银行开立入资账户，需要提供的资料有公司章程、公司名称预先核准通知书、投资人的合法身份证明（法人营业执照副本复印件加盖公司公章）、投资人的出资证明等。

（3）申请公司营业执照

提交的材料有企业设立登记申请书（见表2—2）、公司章程、企业名称预先核准通知书、股东资格证明、指定（委托）书、企业联系人登记表、全体股东签署的指定代表人或者委托代理人的证明（股东为自然人的由本人签字，自然人以外的股东加盖公章）及指定代表人或委托代理人的身份证复印件（本人签字）。

表2—2　企业设立登记申请书（样本）

名称			
预先核准通知书文号		联系电话	
住所		邮政编码	
法定代表人姓名		职务	
注册资本		公司类型	
实收资本		设立方式	
经营范围	许可经营项目 一般经营项目		

续表

名称			
营业期限	长期/ 年	申请副本数量	个

本公司依照《公司法》《公司登记管理条例》设立，提交材料真实有效。谨此对真实性承担责任。

法定代表人签字：

注：1. 手工填写表格和登记请使用黑色或蓝黑色钢笔、签字笔，请勿使用圆珠笔。

2. 公司类型应当填写“有限责任公司”或“股份有限公司”。其中，国有独资公司应当填写“有限责任公司（国家独资）”，一人有限责任公司应当注明“有限责任公司（自然人独资）”或“有限责任公司（法人独资）”。

3. 股份有限公司应在“设立方式”一栏选择填写“发起设立”或者“募集设立”。

4. 营业期限请选择“长期”或者填写“××年”。

材料提交后，等待领取准予设立登记通知书。

准予设立登记通知书（样本）

（ 工商）登记 设字［ ］第 号

请填写公司名称：

经审查，提交的企业设立登记申请，申请材料齐全，符合法定形式，我局决定准予设立登记。我局将于五日内通知你单位领取营业执照。

（印章）

年 月 日

（本通知适用于公司、非公司企业、分公司、非公司企业分支机构、其他营业单位的设立登记。）

(4) 领取营业执照

领取准予设立登记通知书后，按照准予设立登记通知书确定的日期到工商行政管理部门交费并领取营业执照，营业执照上的号码就是社会统一信用代码（原营业执照、企业组织机构代码证、税务登记证自 2015 年 1 月 1 日起三证合一）。

(5) 刻公章

凭营业执照至公安机关指定的刻章地点刻公章、合同章、财务专用章、法人章等。

(6) 开设企业基本账户

凭营业执照正本及法人身份证、代理人身份证、公章、财务专用章、法人章，至银行开设企业基本账户。

六、分公司的设立

1. 分公司的概念

分公司是指公司在其住所以外设立的以自己的名义从事活动的机构。分公司不具有法人资格，并以总公司的资产对分公司的债务承担法律责任。

2. 分公司的设立方法

公司设立分公司的，应当自决定作出之日起 30 日内向分公司所在地的公司登记机关申请登记；法律、行政法规或者国务院规定必须报经有关部门批准的，应当自批准之日起 30 日内向公司登记机关申请登记。

公司设立分公司时应当向公司登记机关提交下列文件：

（1）公司法定代表人签署的设立分公司的登记申请书。

（2）公司章程以及加盖公司印章的企业法人营业执照复印件。

（3）营业场所使用证明。

（4）分公司负责人任职文件和身份证明。

（5）国家工商行政管理部门规定要求提交的其他文件。

七、有限责任公司的股权转让

1. 股东之间转让股权

有限责任公司的股东之间可以相互转让其全部或者部分股权。

2. 股东向股东以外的人转让股权

股东向股东以外的人转让股权，应当经其他股东过半数同意，其他股东自接到书面通知之日起满 30 日未答复的，视为同意转让。其他股东半数以上不同意转让的，不同意的股东应当购买该转让的股权，不购买的视为同意转让。

3. 人民法院强制转让股东股权

人民法院依照《民事诉讼法》等法律规定的执行程序，强制执行生效的法律文书，以拍卖、变卖或者其他方式转让股东股权的，应当通知公司及全体股东，其他股东在同等条件下有优先购买权。其他股东自人民法院通知之日起满 20 日不行使优先购买权的，视为放弃优先购买权。

典型案例分析

丁是新民服装有限责任公司董事长，丁与甲历来关系不和，而甲、乙、丙三人为好朋友。为故意与丁作对，甲、乙、丙三人商讨后决定共同投资成立一家新的新民服装有限责任公司，公司注册资本为 300 万元，分别由甲以其门面房一间作价 150 万元出资，乙以机器设备作价 50 万元出资，丙以现金 100 万元出资。因甲出资最多，故甲在未告知乙和丙的情况下制定了公司章程。三人在公司申请设立时均出资到位。

思考：1. 甲、乙、丙以新民服装有限责任公司为名称申请设立公司，能否得到工商行政管理部门的批准？为什么？

2. 甲、乙、丙的出资是否符合《公司法》的规定？为什么？

3. 因甲出资最多，故甲在未告知乙和丙的情况下制定了公司章程，是否符合《公司法》的规定？为什么？

分析：1. 甲、乙、丙以新民服装有限责任公司为名称申请设立公司，不能得到工商行政管理部门的批准。根据《公司法》的规定，在申请设立有限责任公司时不能申请已有名称或与已有名称相近、相似的名称。

2. 甲、乙、丙的出资符合《公司法》的规定。在《公司法》中没有具体规定公司注册资本的金额，也没有规定出资的种类。

3. 因甲出资最多，故甲在未告知乙和丙的情况下制定了公司章程，不符合《公司法》的规定。根据《公司法》规定，应由股东共同制定公司章程。

思考与练习

1. 有限责任公司的设立条件有哪些？
2. 哪些情形下应当召开临时股东会？

第二节　股份有限公司的设立

知识目标

➢ 了解股权、股份与股票三者之间的关系

➢ 掌握股份有限公司股东大会、董事会的召集和召开

➢ 明确股份有限公司股份转让的限定

能力目标

➢ 能够模拟股份有限公司的注册流程

一、股份有限公司的概念及特征

1. 相关概念

（1）股份有限公司

股份有限公司又称股份公司，是指将公司全部资本分为等额股份，股东以其认购的股份为限对公司承担责任，公司以其全部财产为限对公司的债务承担责任的企业法人。

（2）股本

股本是指股东在公司中所占的权益。

（3）股份

股份是指股份公司将其总资本平均分为若干等份，每一等份称为一股，是计算股份公司资本的最小单位。股东拥有的股份数即表示股东在公司资本中所占的投资份额，是股东权益的体现，公司所发行的股份总和即为公司资本总额。

（4）股票

股票是指公司签发的证明股东所持股份的凭证，是股份的表现形式，是股份公司为筹集资金而发行给股东作为持股凭证并借以取得股息和红利的一种有价证券。每个股东所拥有的公司所有权份额的大小，取决于其持有的股票数量占公司总股本的比重。股票可以转让、买卖或作价抵押，但不能要求公司返还其出资。发行的股票可以记名，也可以不记名。公司向发起人、法人发行的股票应当为记名股票。

2. 股份有限公司的特征

（1）股东具有广泛性

股份有限公司的全部资本划分为等额的股份，通过向社会公开发行的办法筹集资金，任何人在缴纳了股款之后，都可以成为公司股东。

（2）股东出资具有股份性

股东认缴的出资以购买股份（股票）的份额作为其权限证明，不是以其出资额的多少来确定。

（3）股东转让股份具有自由性

公司股份可以自由转让，但不能退股。

（4）公司信息具有公开性

公司账目必须向社会公开，以便于投资人了解公司情况。股份有限公司应当将公司章程、股东名册、公司债券存根、股东大会会议记录、董事会会议记录、监事会会议记录、财务会计报告等进行置备。

（5）责任具有有限性

股东以其认购的股份为限对公司承担责任，公司以其全部财产为限对公司的债务承担责任。

（6）设立和解散程序具有复杂性

公司设立和解散有严格的法律程序，手续复杂。

二、股份有限公司设立的条件、方式和注册流程

1. 设立股份有限公司应具备的条件

（1）发起人符合法定人数

设立股份有限公司，应当有 2 人以上、200 人以下的发起人，其中须有半数以上的发起人在中国境内有住所。

股份有限公司的发起人应当承担下列责任：

1）公司不能成立时，对设立行为所产生的债务和费用负连带责任。

2）公司不能成立时，对认股人已缴纳的股款，负返还股款并加算银行同期存款利息的连带责任。

3）在公司设立过程中，由于发起人的过失致使公司利益受到损害的，应当对公司承担赔偿责任。

（2）有符合公司章程规定的全体发起人认购的股本总额或者募集的实收股本总额

股份有限公司成立后，发现作为设立公司出资的非货币财产的实际价额显著低于公司章程所定价额的，应当由交付该出资的发起人补足其差额，其他发起人承担连带责任。

（3）发起人认缴和向社会公开募集的股本达到法定的最低限额

我国股份有限公司的资本最低限额不得低于 500 万元人民币。

（4）发起人制定公司章程，并经创立大会通过

股份有限公司的章程一般由发起人制定，但以募集设立方式设立股份有限公司的，必须召开由认股人组成的创立大会，并经创立大会决议通过。

（5）有公司名称，建立符合股份有限公司要求的组织机构

股份有限公司的名称应标明“股份有限公司”字样，名称符合企业名称登记管理的有关规定。股份有限公司必须有一定的组织机构，对公司实行内部管理。

（6）有公司住所

设立股份有限公司必须有固定的生产经营场所和必要的生产经营条件。

2. 设立方式

（1）发起设立

发起设立方式是指所有股份均由发起人认购，不得向社会公开招募的方式。以发起方式设立股份有限公司的，发起人以书面认足公司章程规定及发行的股份后，应缴纳全部股款，以非货币财产出资的，应当依法办理其财产权的转移手续。股份有限公司发起人承担公司筹办事务。发起人认足公司章程规定的出资后，应当选举董事会和监事会，由董事会向公司登记机关报送公司章程以及法律、行政法规规定的其他文件，申请设立

登记。

（2）募集设立

募集设立方式是指发起人只认购股份的一部分，其余部分向社会公开招募的方式。发起人认购的股份不得少于公司股份总数的35%，其余份额可以向社会公开募集。

发行股份的股款缴足后，必须经依法设立的验资机构验资并出具证明。发起人应当自股款缴足之日起30日内主持召开公司创立大会。创立大会由出资最多的股东召集和主持。发起人应当在创立大会召开15日前将会议日期通知各认股人或者予以公告。创立大会应有代表股份总数过半数的发起人、认股人出席方可举行。创立大会作出决议，必须经出席会议的认股人所持表决权过半数通过。董事会应于创立大会结束后30日内，向公司登记机关申请设立登记。

3. 注册流程

（1）申请名称预先核准登记

全体股东（发起人）指定代表人或共同委托代理人向工商行政管理部门提交名称预先核准申请，需提交的材料包括：

1）全体股东（发起人）签署的公司名称预先核准申请书。

2）全体股东指定代表人或共同委托代理人证明。

3）工商行政管理部门要求提交的其他材料。

（2）工商登记

由董事会向工商行政管理部门申请设立登记。需提交的材料包括：

1）公司法定代表人签署的登记申请书。

2）董事会指定代表人或共同委托代理人证明。

3）公司章程。

4）依法设立的验资机构出具的验资证明。

5）发起人首次出资是非货币财产的，提交已办理其财产转移手续的证明文件。

6）发起人主体资格证明或者自然人身份证明。

7）公司董事、监事、经理姓名和住所等文件以及有关委派、选举、聘用的证明。

8）公司法定代表人任职文件和身份证明。

9）企业名称预先核准通知书。

10）公司住所证明。

11）工商行政管理部门要求提交的其他材料。

以募集方式注册股份有限公司的，还应当提交公司创立大会的会议记录。公开发行股票的，还应当提交国务院证券监督管理机构的核准文件。法律、行政法规或国务院规定的注册股份有限公司必须报经审批的，还需提交批准文件。

三、股份有限公司的组织机构

1. 股东大会

股东大会是股份有限公司的权力机构。关于有限责任公司股东会职权的规定，适用于股份有限公司股东大会。

股东大会应当每年召开一次。有下列情形之一的，应当在两个月内召开临时股东大会：董事人数不足《公司法》规定人数或者公司章程所定人数的2/3时；公司未弥补的亏损达实收股本总额1/3时；单独或者合计持有公司10%以上股份的股东请求时；董事会认为必要时；监事会提议召开时；公司章程规定的其他情形。

股东大会会议由董事会召集，董事长主持；董事长不能履行职务或者不履行职务的，由副董事长主持；副董事长不能履行职务或者不履行职务的，由半数以上董事共同推举一名董事主持。董事会不能履行或者不履行召集股东大会会议职责的，监事会应当及时召集和主持；监事会不召集和主持连续90日以上的，单独或者合计持有公司10%以上股份的股东可以自行召集和主持。

召开股东大会会议，应当将会议召开的时间、地点和审议的事项于会议召开20日前通知各股东；临时股东大会应当于会议召开15日前通知各股东；发行无记名股票的，应当于会议召开30日前公告会议召开的时间、地点和审议事项。股东出席股东大会会议，所持每一股份有一表决权。但是，公司持有的本公司股份没有表决权。

股东大会作出决议，必须经出席会议的股东所持表决权过半数通过。但是，股东大会作出修改公司章程、增加或者减少注册资本的决议，以及公司合并、分立、解散或者变更公司形式的决议，必须经出席会议的股东所持表决权的2/3以上通过。

2. 董事会

董事会是股份有限公司的决策机构。股份有限公司设董事会，其成员为5~19人。董事会设董事长1人，可以设副董事长。董事长和副董事长由董事会以全体董事的过半数选举产生。董事会成员中可以有公司职工代表，董事会中的职工代表由公司职工通过职工代表大会、职工大会或者其他形式民主选举产生。关于有限责任公司董事任期的规定，适用于股份有限公司董事。关于有限责任公司董事会职权的规定，适用于股份有限公司董事会。

董事会每年度至少召开两次会议，每次会议应当于会议召开10日前通知全体董事和监事。

代表1/10以上表决权的股东、1/3以上董事或者监事，可以提议召开董事会临时会议。董事长应当自接到提议后10日内，召集和主持董事会会议。董事会召开临时会议，可以另定召集董事会的通知方式和通知时限。

董事会会议应有过半数的董事出席方可举行。董事会作出决议，必须经全体董事的过半数通过。董事会决议的表决，实行“一人一票”制度。董事应当对董事会的决议承担责任。董事会的决议违反法律、行政法规、公司章程或者股东大会决议，致使公司遭受严重损失的，参与决议的董事对公司负赔偿责任，但经证明在表决时曾表明异议并记载于会议记录的，该董事可以免除责任。

3. 经理

经理及其助手是股份有限公司的执行机构。股份有限公司设经理，由董事会决定经理的聘任或者解聘。董事会可以决定由董事会成员兼任经理。关于有限责任公司经理职权的规定，适用于股份有限公司经理。

4. 监事会

监事会是股份有限公司的监督机构。股份有限公司设监事会，其成员不得少于3人。董事、高级管理人员不得兼任监事。监事会应当包括股东代表和适当比例的公司职工代表，其中职工代表的比例不得低于1/3，具体比例由公司章程规定。监事会中的职工代表由公司职工通过职工代表大会、职工大会或者其他形式民主选举产生。监事会行使职权所必需的费用，由公司承担。

监事会设主席1人，可以设副主席。监事会主席和副主席由全体监事过半数选举产生。监事会主席召集和主持监事会会议。董事、高级管理人员不得兼任监事。关于有限责任公司监事任期的规定，适用于股份有限公司监事。关于有限责任公司监事会职权的规定，适用于股份有限公司监事会。

监事会每6个月至少召开一次会议。监事可以提议召开临时监事会会议。监事会决议应当经半数以上监事通过。监事会应当对所议事项的决定作成会议记录，出席会议的监事应当在会议记录上签名。

四、公司的董事、监事、高级管理人员任职资格的限定

关于公司董事、监事、高级管理人员的任职资格，《公司法》采取了禁止性规定。有下列情形之一的，不得担任公司的董事、监事、高级管理人员：

1. 无民事行为能力或者限制民事行为能力的。

2. 因贪污、贿赂、侵占财产、挪用财产或者破坏社会主义市场经济秩序，被判处刑罚，执行期满未逾5年，或者因犯罪被剥夺政治权利，执行期满未逾5年的。

3. 担任破产清算的公司、企业的董事或者厂长、经理，对该公司、企业的破产负有个人责任的，自该公司、企业破产清算完结之日起未逾3年的。

4. 担任因违法被吊销营业执照并责令关闭的公司、企业的法定代表人，并负有个人责任的，自该公司、企业被吊销营业执照之日起未逾3年的。

5. 个人所负数额较大的债务到期未清偿的。

典型案例分析

甲公司于2017年5月20日依法成立，现有数名推荐的董事人选，根据《公司法》的规定，判断下列人员是否具备董事资格。

思考：1. 王某，2015年1月10日向他人借款50万元，期限2年，但王某因做生意失败，至今未能按期归还所欠款项。

2. 李某，曾担任某公司董事长，在其任职期间，该公司于2014年8月因违法经营导致公司被工商行政管理部门吊销营业执照，李某负有个人责任。同年9月李某辞去该公司董事长一职。

3. 刘某，2013年10月，因贪污罪被判处有期徒刑3年，2016年10月刑满释放。

4. 何某，2015年12月，因酒后驾车造成交通事故，致使一人受伤，被判有期徒刑6个月。

分析：1. 王某不具备董事资格。根据《公司法》规定，个人所负数额较大的债务到期未清偿的不得担任公司董事。本案例中，王某向他人借款50万元，期满仍未归还所欠款项。

2. 李某不具备董事资格。根据《公司法》规定，担任因违法被吊销营业执照并责令关闭的公司、企业的法定代表人并负有个人责任的，自该公司、企业被吊销营业执照之日起未逾3年的不得担任董事。本案例中，李某在担任某公司董事长期间因违法经营导致公司被工商行政管理部门吊销营业执照，并且未满3年。

3. 刘某不具备董事资格。根据《公司法》规定，因贪污、贿赂、侵占财产、挪用财产或者破坏社会主义市场经济秩序被判处刑罚，执行期满未逾5年，或者因犯罪被剥夺政治权利，执行期满未逾5年的不得担任董事。本案例中，刘某因贪污罪被判处有期徒刑3年，2016年10月刑满释放，执行期满未逾5年。

4. 何某具备董事资格。本案例中，何某因酒后驾车造成交通事故，致使一人受伤，被判有期徒刑6个月，不属于《公司法》中所列不得担任公司的董事、监事、高级管理人员的条款。

五、股份有限公司的股权转让

1. 股份转让的场所和方式

股东持有的股份可以依法转让。股东转让其股份，应当在依法设立的证券交易所或交易平台进行，或者按照国务院规定的其他方式进行。

2. 股份转让的法律限制

（1）发起人转让股份的限制

发起人持有的本公司股份，自公司成立之日起一年内不得转让。

（2）董事、监事、高级管理人员转让股份的限制

在任职期间每年转让的股份不得超过其所持有本公司股份总数的25%。所持本公司股份自公司股票上市交易之日起一年内不得转让。离职后半年内，不得转让其所持有的本公司股份。公司章程可以对公司董事、监事、高级管理人员转让其所持有的本公司股份作出其他限制性规定。

（3）证券市场专业人员及其他内幕信息知情人股份转让的限制

在任期或者法定限期内，不得直接或者以化名、借他人名义持有、买卖股票，也不得收受他人赠送的股票。任何人在成为前款所列人员时，其原已持有的股票必须依法转让。

（4）公司持股及收购股份的限制

公司公开发行股份前已发行的股份，自公司股票在上市交易之日起一年内不得转让。公司除有下列情形外不得收购本公司股份：

1）减少公司注册资本。

2）与持有本公司股份的其他公司合并。

3）将股份奖励给本公司职工。

4）股东因对股东大会作出的公司合并、分立决议持异议，要求公司收购其股份的。

典型案例分析

甲股份有限公司注册资本为7 000万元，2016年年末经审计资产总额为7 500万元，经审计负债总额为1 000万元，企业2017年之前没有担保业务。2017年A公司召开的董事会会议情形如下：

1. 该公司共有董事7人，其中有1名是A公司的子公司B的董事。董事会有6人亲自出席，其中包括子公司B的董事。列席本次董事会的监事张某向会议提交另一名因故不能到会的董事王某出具的代为行使表决权的委托书，该委托书委托张某代为行使本次董事会的表决权。

2. 会议通过了甲公司的子公司C向董事高某提供借款10万元的决定。

3. 为了扩大生产规模，会议通过了购买一项大型流水线的决定，该项流水线总价值为600万元。

4. 董事会会议结束后，以上所有决议事项均载入会议记录，并由出席董事会会议的全体董事和列席会议的监事签名后存档。

思考：1. 董事会出席人数是否符合《公司法》的规定？

2. 监事张某接受未能出席会议的董事王某委托，代为行使本次董事会的表决权是否符合《公司法》的规定？

3. 子公司 C 向董事高某借款 10 万元的决定是否合法？

4. 董事会会议记录是否存在不当之处？

分析：1. 董事会出席人数符合规定。根据《公司法》第一百一十条规定，董事会会议应有过半数的董事出席方可举行。本案例中，亲自出席会议的董事有 6 名，符合规定。

2. 张某不能接受王某的委托代为行使表决权。根据《公司法》第一百一十二条规定，董事因故不能出席董事会会议的，可以书面委托其他董事代为出席。而张某为本公司的监事而不是董事，故不能代为行使表决权。

3. 会议通过了甲公司的子公司 C 向董事高某借款 10 万元的决定不符合规定。根据《公司法》第一百一十五条规定，公司不得直接或者通过子公司向董事、监事、高级管理人员提供借款。因此，本案例中甲公司通过自己的子公司 C 向董事借款的决定是违法的。

4. 董事会会议记录存在不当之处。根据《公司法》规定，董事会会议记录应由出席会议的董事在会议记录上签名，因此，列席董事会会议的监事无须在会议记录上签名。在本案例中，列席董事会会议的监事在会议记录上签名是不符合规定的。

思考与练习

1. 不得担任公司的董事、监事、高级管理人员的法定情形有哪些？

2. 股份有限公司对股份转让有哪些法律限制？

第三章　合　同　法

第一节　合同的订立

知识目标

➢ 掌握合同的概念及合同法的基本原则

➢ 明确合同订立的主要条款

能力目标

➢ 能够订立常见买卖合同、租赁合同

一、合同的概念及分类

1. 合同的概念

合同是平等主体的自然人、法人、其他组织之间设立、变更、终止民事权利义务关系的协议。广义合同是指所有法律部门中确定权利、义务关系的协议。狭义合同是指一切民事合同。本章所述合同均指狭义合同。合同具有以下特征：

（1）合同是平等主体实施的一种民事法律行为。

（2）合同是当事人意思表示一致的民事法律行为。

（3）合同是就经济活动签订的协议书。有关婚姻、收养、监护等身份关系的协议，不属于经济活动，不属于合同。

2. 合同的类别

按不同分类标准，可将合同分为多种类别，见表3—1。

表3—1　合同的类别

合同分类标准	类别	含义
按照当事人权利义务的分担方式划分	单务合同	一方当事人只享有权利而不承担义务，另一方当事人只承担义务而不享有权利的合同，如赠与合同等
	双务合同	双方当事人都享有权利和承担义务的合同，如买卖合同、租赁合同、运输合同等

续表

合同分类标准	类别	含义
按照当事人权利的获得是否支付代价划分	有偿合同	一方当事人享有合同规定的权利,必须向对方当事人偿付相应代价的合同,如买卖合同、建设工程合同、保管合同等
	无偿合同	一方当事人享有合同规定的权利,但不必向对方当事人偿付相应代价的合同,如无偿借用合同等
按照法律有无特定的名称划分	有名合同	法律上规定名称和规则的合同,《中华人民共和国合同法》(以下简称《合同法》)中规定了15种有名合同,分别为买卖合同,供用电、水、气、热力合同,赠与合同,借款合同,租赁合同,融资租赁合同,承揽合同,建设工程合同,运输合同,技术合同,保管合同,仓储合同,委托合同,行纪合同,居间合同
	无名合同	法律未规定名称的合同
按照法律或当事人是否要求具备特定形式和手续划分	要式合同	法律或当事人要求必须具备一定形式的合同,如房屋买卖合同等
	不要式合同	法律或当事人不要求必须具备一定形式的合同
按照合同之间是否存在主从关系划分	主合同	不需要以其他合同存在为前提而独立存在的合同
	从合同	以其他合同的存在为前提,自身不能独立存在的合同

3. 合同法的概念及基本原则

(1) 合同法的概念

合同法是调整平等主体的自然人、法人、其他组织之间设立、变更、终止民事权利义务关系的法律规范的总称。

(2) 合同法的基本原则

1) 平等原则。平等原则是指合同当事人的法律地位平等,一方当事人不得将自己的意志强加给另一方当事人。当事人是平等主体,不存在高低从属之分,不存在命令者与被命令者、管理者与被管理者之分。

2) 自愿原则。自愿原则是指合同当事人通过协商,自愿达成协议,不得乘人之危或者采取欺诈等手段签订协议,不受任何单位和个人的非法干预。

3) 公平原则。公平原则是指当事人之间的权利义务要对等,要公平合理,要以利益均衡作为价值判断标准来调整合同主体之间的关系,强调双方负担风险的合理分配。在订立合同时,不得滥用权利,不得欺诈,不得假借订立合同进行恶意磋商。

典型案例分析

李某与刘某于2013年5月20日签订房屋租赁协议，约定刘某将其三间店面租赁给李某供其做服装生意使用，租赁时间自2013年5月20日到2014年5月20日止，店面月租金2 000元。租赁期满后，李某、刘某在2013年5月20日所签订的协议上签订续租协议，约定租金、店面不变，租赁期至2015年5月20日止。2015年1月21日，李某、刘某再次签订房屋续租协议，该协议所称租金、店面与先前租赁合同约定的一致，租赁期间为2015年5月20日至2018年5月20日。2015年5月20日刘某收取了李某支付的2015年5月20日至2016年5月20日的租金。之后李某再次支付2016年5月20日至2017年5月20日的租金时，刘某拒收。李某遂将租金提交公证处。2016年4月28日，刘某以2015年1月21日所签合同是在其醉酒状态下签订的，很多条款显失公平为由起诉至法院，请求撤销该合同。

思考：法院是否会支持刘某的请求？

分析：李某、刘某于2015年1月21日签订的合同是双方当事人真实意思的表示，依法成立并生效，合同不存在显失公平的问题，对于刘某要求撤销该合同的诉讼请求不予支持。理由如下：李某与刘某均为完全民事行为能力人，其在租赁期满前续签的租赁合同，双方当事人意思表示真实，内容合法，该合同依法自签订之日起即发生法律效力。双方当事人应依照诚实信用原则履行合同约定的权利与义务。刘某称该合同是在其醉酒状态下签订的，其意思表示有瑕疵，且并未提供相应的证据加以证明，从该合同的条款上看也并无对刘某有显失公平之处。虽然双方续签合同时的房价比以前的要高，但从签订合同后，刘某在合同履行期间收取李某租金的行为来看，该租金条款应当是其自愿与李某达成的，其收取李某的租金即以法律行为表明该合同是其真实意思表示。因此，刘某以合同显失公平为由请求撤销合同，法院对其诉讼请求不予支持。

4）诚实信用原则。诚实信用原则是指双方当事人在订立、履行合同以及合同终止后的全过程中，都要诚实、讲信用、相互协作。

5）遵守法律、不得损害社会公共利益原则。双方当事人订立、履行合同，应当遵守法律、行政法规规定，遵守社会公德，不得扰乱社会经济秩序，损害社会公共利益。合同当事人的意思应当在法律允许的范围表示。

二、合同订立的概念及形式

合同订立是合同当事人依法就合同的主要条款，经过协商一致而达成协议的法律行为。当事人订立合同有书面形式、口头形式、其他形式和特殊形式。

1. 书面形式

书面形式是指当事人双方用书面方式表达相互之间通过协商一致而达成的协议。根据《合同法》的规定，凡是不能及时清结的经济合同，均应采用书面形式。在签订书面合同时，当事人应注意除主合同之外，与主合同有关的电报、书信、图表等，也是合同的组成部分，应同主合同一起妥善保管。书面形式便于当事人履行，便于管理、监督和举证，是合同当事人使用的主要形式。

2. 口头形式

口头形式是指当事人双方用对话方式表达相互之间达成的协议。当事人在使用口头形式时，应注意只能是及时履行的经济合同才能使用口头形式，否则不宜采用这种形式。口头形式简便易行，在日常生活中经常被采用，如集市的现货交易、商店里的零售等一般都采用口头形式。口头形式的缺点是发生合同纠纷时难以取证，不易分清责任。所以，对于不能即时清结的合同和标的数额较大的合同，不宜采用口头形式。

3. 其他形式

当事人未用语言、文字表达其意思表示，但可以根据当事人的行为或者特定情形推定合同成立的形式。

4. 特殊形式

（1）公证形式

公证形式是指当事人约定或者依照法律规定，以国家公证机关对合同内容加以审查公证的方式订立合同时所采取的一种合同形式。公证机关一般以合同书面形式为基础，对合同内容的真实性和合法性进行审查确认后，在合同书上加盖公证印鉴，以资证明。经过公证的合同具有最可靠的证据力，当事人除有相反的证据外，不能推翻。我国法律对合同的公证采取自愿原则。合同是否需经公证，一般由当事人自行约定。当事人要求必须公证的合同就需公证，不经公证不生效。但对一些重要的合同种类，法律也可以规定必须进行公证。当事人和法律都可以赋予合同的公证形式以证据效力或者成立生效的效力。

（2）鉴证形式

鉴证形式是指当事人约定或依照法律规定，以国家合同管理机关对合同内容的真实性和合法性进行审查的方式订立合同的一种合同形式。鉴证是国家对合同进行管理和监督的行政措施，只能由国家行政主管机关进行。鉴证的作用在于加强合同的证明，提高合同的可靠性。鉴证也采取自愿原则，除国家规定必须鉴证的合同外，鉴证机关根据当事人的申请进行鉴证。对于地方性法规规定必须予以鉴证的合同，在作出鉴证规定的行政区域内签订时应从其规定。

（3）批准形式

批准形式是指法律规定某些类别的合同需采取经国家有关主管机关审查批准的一种合同形式。这类合同除应由当事人达成意思表示一致而成立外，还应将合同书及有关文件提交国家有关主管机关审查批准才能生效。这类合同的生效，除应具备一般合同的生效要件外，在合同形式上还需同时具备书面形式和批准形式这两个特殊要件。合同的批准形式是国家对某些特殊类别合同的特殊要求。法律不要求合同批准形式的，当事人不能约定或要求国家进行批准。需经批准而未经批准的合同，自始就无法律效力。即使当事人之间意思表示一致，也不能认为当事人之间合同成立，这是合同的批准形式与其他几种法定形式的重要区别。

（4）登记形式

登记形式是指当事人约定或依照法律规定，采取将合同提交国家登记主管机关登记的方式订立合同的一种合同形式。登记形式一般常用于不动产的买卖合同。某些特殊的动产，如船舶等，在法律上视为不动产，其转让也采取登记形式。合同的登记形式可由当事人自行约定，也可以由法律加以规定。

三、合同订立的程序

1. 要约

（1）要约的概念

要约是一方当事人以缔结合同为目的，向对方当事人提出合同条件，希望对方当事人接受的意思表示。发出要约的人称为要约人，接受要约的人称为受要约人或相对人。我国《合同法》第十四条规定，要约是希望和他人订立合同的意思表示，该意思表示应当符合下列规定：一是内容具体确定；二是表明经受要约人承诺，要约人即受该意思表示约束。

（2）要约应具备的条件

1）要约是由特定人作出的意思表示。要约旨在与他人订立合同，所以要约人必须是订立合同一方的当事人，这就要求要约人是特定之人，只有在此情况下，受要约人才能对要约作出承诺，从而订立合同。

2）要约必须具有订立合同的意图。即要约应表明一经受要约人承诺，要约人即受该意思表示约束并与之建立合同关系。

3）要约必须是向要约人希望与之订立合同的受要约人发出。要约只有向要约人希望与之订立合同的受要约人发出，才能唤起受要约人的承诺，从而订立合同。但在特殊情况下，对不特定的人作出又不妨碍要约所达目的时，相对人也可以是不特定人。但是向不特定人发出要约，必须具备两个条件：一是必须明确表示其作出的是要约而非要约邀请，如申明“本广告构成要约”；二是必须明确承担向多人发出要约的责任，同时具有向不特定的相对人作出承诺后履行合同的能力，如制定全国统一零售价。

4）要约的内容必须具体、确定。具体是指要约的内容必须是合同成立所必需的条款（合同的主要条款）。确定是指要约的内容必须明确，不能含糊不清而使相对人难明其意。

（3）要约邀请

要约邀请也称要约引诱，是指希望他人向自己发出要约的意思表示。要约邀请具有以下特点：

1）要约邀请是一种意思表示，故应具备意思表示的一般成立要件。

2）要约邀请的目的在于诱使他人向自己发出要约，而非与他人订立合同，故只是订立合同的预备行为，而非订约行为。

3）要约邀请只是引诱他人发出要约，既不能因相对人的承诺而成立合同，也不能因自己作出某种承诺而约束要约人。行为人撤回其要约邀请，只要没有给善意相对人造成信赖利益的损失，就不承担法律责任。

区分要约与要约邀请，既十分重要又相当复杂。根据我国合同法理论和实践，区分要约与要约邀请主要有以下标准：

1）根据法律规定区分，即如果法律规定某行为为要约邀请或要约，应依其规定处理。

2）根据当事人的意愿区分。例如，如果当事人在其订约提议中申明“以我方最后确认为准”，就表明其不愿受对方要约的约定，因而属于要约邀请；商店在其展示的服装上标示“六折出售”字样及价格，则为要约，如标明为“样品”，则为要约邀请。

3）根据订约提议的内容是否包含了合同的主要条款区分。例如，甲对乙称“我有位于某处的房屋一栋，愿以低价出售，你是否愿意购买”，因没有标明价款，不能认为是要约，若甲明确提出以 50 万元出售该房屋，则构成要约。

4）根据交易习惯区分。出租车停在路边揽客（竖起“空车”标牌），如根据当地规定或行业习惯，司机可以拒载，则此种招揽是要约邀请；反之，则可视为要约。

5）根据订约提议是向特定人还是不特定人发出区分。向不特定人发出的订约提议，一般为要约邀请，如商业广告等。

一般下列行为属于要约邀请：

①价目表。价目表虽然包含了商品名称及价格条款，且含有行为人希望订立合同的意思，但从中并不能确定行为人具有一经对方承诺即接受承诺后果的意图，而只是向对方提供某种信息，希望对方向自己提出订约条件，因此只是要约邀请而不是要约。当然，如果在向不特定人派发的商品订单中明确表示愿受承诺的约束，或从其内容中可以确定有此意图，则应认定为要约。

②拍卖公告。拍卖是指拍卖人在众多的报价中，选择报价最高者订立买卖合同的特殊买卖方式。拍卖一般要经过三个阶段，即拍卖表示（拍卖公告）、拍卖（叫价）和拍定。拍卖公告一般认为是要约邀请，因为其中并未包含合同成立的主要条件，特别是价

格条款，而只是希望竞买人提出价格条款。

③招标公告。招标是指订立合同的一方当事人采取招标公告的形式向不特定人发出的、以吸引或邀请对方发出要约为目的的意思表示。对招标的回应称为投标。一般认为，招标属于要约邀请，投标属于要约（招标人的决标为承诺）。值得注意的是，如果招标人在招标公告中明确表示将与报价最优者订立合同，则可视为要约。

④招股说明书。招股说明书是指拟公开发行股票的人经批准公开发行股票后，依法于法定日期在证券主管机关指定的报刊上刊登发行股票者全面、真实、准确的信息，以供投资者参考的法律文件。招股说明书通过向社会提供股票发行人的各方面信息，从而吸引投资者向发行人发出购买股票的要约，属于要约邀请。

⑤商业广告。商业广告是指商品经营者或者服务提供者通过一定的媒介和形式，直接或间接地介绍自己所推销的产品或者所提供的服务、文字、图形或影音作品。从其内容、对象、后果等方面判断，商业广告均不能构成要约，而是属于要约邀请。但如果广告内容符合要约规定，应视为要约，如广告注明为要约或写明相对人只要作出规定的行为就可以使合同成立者，即为要约。

（4）要约的效力

1）要约生效的时间。要约在到达受要约人或到达代理人（包括无行为能力人、限制行为能力人的法定代理人）时生效，要约到达的方式包括两种：一是“到手到达”（送达受要约人手中）与“非到手到达”（送达受要约人所能实际控制之处所，如信箱）；二是数据电文要约的到达。采用数据电文形式订立合同，收件人指定特定系统接收数据电文的，该数据电文进入该特定系统的时间，视为到达时间。收件人未指定特定系统的，该数据电文进入收件人的任何系统的首次时间，视为到达时间。

2）要约的效力期间。在要约中约定承诺期限的，按约定期限确定要约的效力期间。要约中未约定承诺期限的，则应区分以下两种情况来确定效力期间：一是口头要约，如受要约人未立即作出承诺，即失去效力；二是书面要约，要约中未规定有效期间，应确定一个合理期间作为要约存续期限，包括要约到达所需时间、作出承诺所需时间、承诺到达要约人所需时间等。

3）要约的效力。要约一经生效，要约人即受到要约的约束，不得随意撤销或对要约加以限制、变更和扩张。法律赋予要约这种效力，目的在于保护受要约人的合法权益，维护交易安全。受要约人在要约生效时取得承诺的权利，即取得了依其承诺而成立合同的法律地位，所以受要约人可以承诺，也可以不承诺。

（5）要约的撤回和撤销

要约的撤回是指要约人在发出要约后，于要约到达受要约人之前取消其要约的行为。《合同法》第十七条规定，要约可以撤回，撤回要约的通知应当在要约到达受要约人之前或者与要约同时到达受要约人。被撤回的要约实际上是尚未生效的要约。

要约的撤销是指在要约发生法律效力后，要约人取消要约，从而使要约归于消灭的行为。要约的撤销不同于要约的撤回，撤销发生于要约生效后，撤回发生于要约生效前。

《合同法》规定，要约可以撤销，撤销要约的通知应当在受要约人发出承诺通知之前到达受要约人。《合同法》第十九条规定，有下列情形之一的，要约不得撤销：一是要约人确定了承诺期限或者以其他形式明示要约不可撤销的；二是受要约人有理由认为要约是不可撤销的，并已经为履行合同作了准备工作的。

（6）要约的失效

要约的失效即要约丧失法律约束力。《合同法》第二十条规定，要约失效的事由有以下四种：

1）拒绝要约的通知到达要约人。

2）要约人依法撤销要约。

3）承诺期限届满，受要约人未作出承诺。

4）受要约人对要约的内容作出实质性变更。

2. 承诺

承诺是受要约人同意要约的意思表示。

（1）承诺需具备的条件

1）承诺必须由受要约人作出。首先，承诺必须是受要约人的意思表示，如果要约是向特定人发出的，承诺必须由该特定人作出，如果要约是向不特定人发出的，不特定人具有承诺资格，受要约人以外的人不具有承诺资格。其次，承诺可由受要约人本人作出，也可由其代理人作出。

2）承诺必须在合理期限内向要约人发出。承诺应当在要约确定的期限内到达受要约人。要约没有确定承诺期限的，如果要约以对话方式作出的，应当及时作出承诺的意思表示，但当事人另有约定的除外。如果要约以非对话方式作出的，承诺应当在合理期限内到达受要约人。《合同法》第二十四条规定，要约以信件或者电报作出的，承诺期限自信件载明的日期或者电报交发之日开始计算。信件未载明日期的，自投寄该信件的邮戳日期开始计算。承诺以电话、传真等快速通讯方式作出的，承诺期限自要约到达受要约人时开始计算。

3）承诺的内容必须与要约的内容相一致。《合同法》第三十条规定，受要约人对要约的内容作出实质性变更的为新要约。有关合同标的、数量、质量、价款或者报酬、履行期限、履行地点和方式、违约责任和解决争议方法等的变更，是对要约内容的实质性变更。这条规定揭示了承诺的内容要件，即承诺的内容必须与要约内容一致。内容一致是指承诺是无条件的同意，不得限制、扩张或者变更要约的内容，否则不构成承诺，而应视为对要约的拒绝，并应作出一项新要约（或称反要约）。承诺的内容并不要求与要约的内容绝对一致或完全等同，即允许承诺对要约的内容作非实质性变更。但《合同法》第三十一条同时规定，承诺对要约的内容作出非实质性变更的，除要约人及时表示反对或者要约表明承诺不得对要约的内容作出任何变更的以外，该承诺有效，合同的内容以承诺的内容为准。由此可见，非实质性变更的承诺在以下两种情况下不能生效：一是要约人及时表示反对的；二是要约中明确表示不得作出任何变更的。

（2）承诺的方式

承诺原则上应当以通知方式作出。通知包括口头形式和书面形式，要约人对通知的方式有特殊要求的，应按该要求予以通知。如果根据交易习惯或者要约表明可以通过行为方式作出承诺，则该行为也构成承诺。行为包括作为和不作为，构成承诺的行为主要是指作为，如供货商于收到订货要约后发货。单纯的缄默或不作为通常不能作为承诺的意思表示方式，但是，如果交易习惯或要约表明可以采取此种方式进行承诺的，也可以作为承诺方式。

（3）承诺的期限

承诺应当在要约确定的期限内到达要约人。要约没有确定承诺期限的，承诺应当依照下列规定到达：一是要约以口头方式作出的，应当即时作出承诺，但当事人另有约定的除外；二是要约以书面方式作出的，承诺应当在合理期限内到达。要约以信件或者电报作出的，承诺期限自信件载明的日期或者电报交发之日开始计算。信件未载明日期的，自投寄该信件的邮戳日期开始计算。要约以电话、传真等快速通迅方式作出的，承诺期限自要约到达受要约人时开始计算。

受要约人超过承诺期限发出承诺的，除要约人及时通知受要约人该承诺有效的以外，为新要约。《合同法》第二十九条规定，受要约人在承诺期限内发出承诺，按照通常情形能够即时到达要约人，但因其他原因承诺到达要约人时超过承诺期限的，除要约人及时通知受要约人因承诺超过期限不接受该承诺的以外，该承诺有效。

（4）承诺的生效

承诺在通知到达要约人时生效。承诺不需要通知的，根据交易习惯或者要约的要求，在作出承诺的行为时生效。承诺生效的时间在合同中具有重要的意义。

承诺一经生效即具有法律约束力，承诺生效时合同成立。具体而言，对于诺成合同，承诺生效合同即告成立。对于实践合同，若交付标的物先于承诺生效，承诺同样使合同成立，若交付标的物后于承诺生效，则合同自交付标的物时成立。

（5）承诺的撤回

承诺的撤回是指受要约人在其作出的承诺生效之前将其撤回的行为。撤回承诺的通知应当在承诺通知到达要约人之前或者与承诺通知同时到达要约人。承诺一经撤回，即不发生承诺的效力，也就阻止了合同的成立。

四、合同的主要条款

合同的条款是合同中经双方当事人协商一致，规定双方当事人权利义务的具体条文。合同的条款由当事人约定，一般包括以下条款。

1. 当事人的名称或者姓名和住所

当事人是合同法律关系的主体，合同中如果不写明当事人，就无法确定权利的享受者和义务的承担者，发生纠纷也无法解决。因此，在订立合同时，要把各方当事人名称或者姓名和住所记载准确、清楚，这是合同的必备条款。

2. 标的

标的是合同当事人之间存在的权利与义务关系，如货物交付、劳务交付、工程项目交付等。标的是合同成立的必要条件，是一切合同的必备条款，没有标的则合同不成立。

3. 数量

合同的数量要准确，应选择使用双方当事人共同接受的计量单位、计量方式和计量工具。

4. 质量

合同中对于质量必须加以明确描述，国家对质量有强制性标准的，必须按照规定的标准执行，如有多种质量标准的，应尽可能约定其适用的标准。当事人可以约定质量检验的方式、质量责任的期限和条件、对质量提出异议的条件与期限等。

5. 价款或者报酬

价款一般是指对提供财产的当事人支付的货币，如买卖合同的货款、租赁合同的租金等。在合同中应当明确规定其数额、计算标准、结算方式等。

6. 履行期限、地点和方式

（1）履行期限

履行期限是指合同中规定的一方当事人向对方当事人履行义务的时间界限。履行期限直接关系到合同义务完成的时间，是确定合同能否履行的依据。

（2）履行地点

履行地点是指合同规定的当事人履行合同义务和对方当事人接受履行的地点。不同的合同，履行的地点也不同。履行地点关系到履行的费用、风险由谁承担，是确定所有权是否转移、何时转移、发生纠纷后应由何地法院管辖的依据。

（3）履行方式

履行方式是完成合同义务的方法，如标的物的交付方法、工作成果的完成和运输方法、价款或酬金的支付方法等。履行方式与当事人的权益有密切关系，履行方式不符合要求，会造成标的物缺陷、费用增加、迟延履行等后果。履行方式不明确的，按照有利于实现合同目的的方式履行。

7. 违约责任

违约责任是指合同当事人一方不履行合同义务或履行合同义务不符合合同约定所应承担的继续履行、采取补救措施或者赔偿损失等违约责任。

8. 解决争议的方法

解决争议的方法是指合同当事人对合同的履行发生争议时解决的途径和方式。一般有双方当事人自行协商和解、第三人调解、仲裁机构仲裁、法院诉讼几种方式。

五、合同成立的时间和地点

1. 合同成立的时间

（1）一般规定

在承诺生效时合同成立。

（2）特殊情形

1）当事人采用合同书形式订立合同。当事人采用合同书形式订立合同的，自双方当事人签字或者盖章时合同成立。双方当事人签字或者盖章不在同一时间的，最后签字或者盖章时合同成立。在签字或者盖章之前，当事人一方已经履行主要义务并且对方接受的，该合同成立。

2）当事人采用确认书形式订立合同。当事人采用信件、数据电文形式订立合同的，可以在合同成立之前要求签订确认书。签订确认书时合同成立，在此情况下，确认书具有最终承诺的意义。

3）当事人直接采用对话方式订立合同。承诺人承诺生效时合同成立。法律、行政法规规定或者当事人约定采用书面形式订立合同，当事人未采用书面形式，但一方已经履行主要义务并且对方接受的，该合同成立。此时可从实际履行合同义务的行为中推定当事人已经形成了合意和合同关系，当事人一方不得以未采取书面形式或未签字、盖章为由，否认合同关系的实际存在。

4）当事人签订要式合同。当事人签订要式合同的，以法律、行政法规的特殊形式要求完成的时间为合同成立时间。

2. 合同成立的地点

（1）一般规定

承诺生效的地点为合同成立的地点。

（2）特殊情形

1）当事人采用数据电文形式订立合同的，收件人的主营业地为合同成立的地点。没有主营业地的，其经常居住地为合同成立的地点。

2）当事人采用合同书、确认书形式订立合同的，双方当事人签字或者盖章的地点为合同成立的地点。

3）合同需要完成特殊的约定形式或法律形式才能成立的，以完成合同的约定形式或法定形式的地点为合同的成立地点。

4）当事人对合同的成立地点另有约定的，按照其约定确认合同地点。

六、格式条款合同

1. 格式条款的概念

格式条款是指当事人为了重复使用而预先拟订，并在订立合同时未与对方协商的条款。格式条款有以下特征：

（1）由一方当事人预先拟订

格式条款是由一方当事人事先拟订的，在拟订之时并未征求对方当事人的意见，即格式条款不限于一方当事人自己事先拟订，也包括一方采用第三人拟订的文本（如主管部门、行业组织制定的合同示范文本等）。

（2）重复使用

重复使用包括适用对象的广泛性和适用时间的持久性。一般而言，格式条款的拟订是为了重复使用。

（3）在订立合同时未与对方协商

格式条款在订立时不容对方协商（要么接受，要么拒绝），如保险合同等。

2. 格式条款的订立规则

采用格式条款订立合同的，提供格式条款的一方应当遵循公平原则确定当事人之间的权利和义务，并采取合理的方式提请对方注意免除或者限制其责任的条款，按照对方的要求，对该条款予以说明。格式条款的订立规则规定了提供方的一般义务，并规定了提供方免责格式条款的“提请注意义务”和“说明义务”。

3. 无效格式条款的情形

在下述情况下，格式条款无效：

（1）提供格式条款一方免除其责任、加重对方责任、排除对方主要权利的格式条款。

（2）一方以欺诈、胁迫的手段订立的，损害国家利益的格式条款；恶意串通，损害国家、集体或者第三人利益的格式条款；以合法形式掩盖非法目的的格式条款；损害社会公德的格式条款；违反法律、行政法规和强制性规定的格式条款。

（3）有造成对方人身伤害的免责条款；有因故意或重大过失造成对方财产损失的免责条款。

4. 对格式条款的解释

对格式条款的理解发生争议的，应当按照通常理解予以解释。对格式条款的解释应以一般人的、惯常的理解为准，而不应仅以条款制作人的理解为依据。对某些特殊术语，也应作出通常的、通俗的、一般意义的解释，即依据订约者平均的、通常具有的理解能力予以解释。对格式条款有两种以上解释的，应当作出不利于提供格式条款一方的解释。格式条款和非格式条款不一致的，应当采用非格式条款。非格式条款即个别商议条款，其效力应优先于格式条款，尊重当事人的意思。

典型案例分析

建华公司于2016年3月承包华利小区建设工程。因钢材供应短缺又没有存货，工程急等着施工，建华公司向河北省的前进公司、清华金钢厂和外省的内蒙古大成钢厂发出通知。通知中说明："我公司需要标号为×××的钢材1 000吨，如贵公司有货，请速与我公司联系。我公司希望购买此类钢材。"建华公司于同一天收到三家钢材公司的复函，都说自己公司备有现货，并将价格一并通知了建华公司。前进公司在发出复函的第二天派本公司车队载运200吨钢材送往建华公司。建华公司在收到三家公司的复函后，认为大成钢厂所提出的价格更为合理，且其是老牌钢厂，产品质量信得过，所以于当天下午即去函称将向其购买1 000吨钢材，请其速备货。大成钢厂随即复函建华公司，说其有现货并于第三天将钢材运往建华公司。在建华公司收到大成钢厂复函的第二天，前进公司的车队运送钢材到了建华公司，要求建华公司收货并支付货款。建华公司当即函电大成钢厂，请其仅运送800吨钢材即可。大成钢厂复电说，全部1 000吨钢材已经发往建华公司。建华公司收到大成钢厂复电后，就对前进公司表示为照顾其损失，只收下其100吨钢材，其余的不收。前进公司对此不服，认为建华公司应当收取全部钢材。建华公司同时再次向大成钢厂发函称本公司将仅收其中的900吨钢材，对此造成的损失，如因大成钢厂多运送钢材而造成的，由大成钢厂自行负责。第三天，大成钢厂的1 000吨钢材运到建华公司，建华公司仅收取了其中的900吨，剩余的100吨不予收货，为此双方发生纠纷。大成钢厂和前进公司均向人民法院起诉，要求建华公司承担赔偿责任。

思考：请用要约和承诺的有关知识分析上述案例中的法律关系和法律责任。

分析：1. 建华公司于2016年3月向前进公司、清华金钢厂、大成钢厂发出欲购买标号为×××的钢材1 000吨的通知为要约邀请。

2. 建华公司于同一天收到三家公司的复函，三家公司均将价格通知了建华公司，为三家公司发出的要约。

3. 建华公司在收到三家公司的复函后，认为大成钢厂所提出的价格更为合理，且其是老牌钢厂，产品质量信得过，所以于当天下午即去函称将向其购买1 000吨钢材，请其速备货，为建华公司的新要约（告知具体数量及时间要求）。

4. 大成钢厂随即复函建华公司，说其有现货并于第三天将钢材运往建华公司，为大成钢厂的承诺。

5. 前进公司在发出复函的第二天，派本公司车队载运200吨钢材送往建华公司。建华公司收到大成钢厂复电后，就对前进公司表示为照顾其损失，只收下其100吨钢材，其余的不收，表明建华公司追认了前进公司的行为，视为承诺。

6. 建华公司同时再次向大成钢厂发函称，本公司将仅收其中的900吨钢材，对此造成的损失，如因大成钢厂多运送钢材而造成的，由大成钢厂自行负责。第三天，大成钢厂的1 000吨钢材运到建华公司，建华公司仅收取了其中的900吨，剩余的100吨不予收货，该行为应视为建华公司违约。

7. 建华公司应该收取大成钢厂的1 000吨钢材和前进公司的100吨钢材，前进公司其余100吨钢材自行处理。

思考与练习

1. 合同订立的主要条款有哪些？
2. 订立合同时可以采取哪些形式？
3. 简述合同订立的程序。

第二节　合同的效力

知识目标

➢明确有效合同、无效合同、可撤销合同、效力待定合同的定义

能力目标

➢能够判断合同的效力

一、有效合同

有效合同是指具备了合同的生效要件，对合同当事人产生法律效力的合同。

1. 合同生效的情形

（1）合同成立时生效。例如，甲、乙双方签订购销合同，双方签字、盖章时合同成立。

（2）附生效条件的合同，自条件成就时生效。例如，甲欲向乙租房，条件为甲的女儿考进房屋附近的中学，当甲的女儿考进房屋附近的中学的条件成就时，合同成立。

(3) 附生效期限的合同，自期限届满时生效。例如，甲、乙签订购销合同，合同规定自签订之日起一个月后生效。

2. 合同有效的条件

(1) 行为人具有相应的民事行为能力

民事行为能力包括合同行为能力和相应的缔约行为能力。行为人必须具备正确理解自己的行为性质和后果、独立地表达自己意思的能力。

(2) 意思表示要真实

当事人的行为应当真实地反映其内心的真实想法。

(3) 不能违反法律或社会公共利益

当事人签订合同不得违反法律的强制性规定，不得违背社会公德、扰乱社会公共秩序、损害社会公共利益。

二、无效合同

无效合同是指不具有法律约束力和不发生履行效力的合同。无效合同自合同订立之日起无效。

1. 无效合同的情形

《合同法》第五十二条规定，有下列情形之一的，合同无效：

(1) 一方以欺诈、胁迫的手段订立合同，损害国家利益的。

(2) 恶意串通，损害国家、集体和第三人利益的。

(3) 以合法形式掩盖非法目的的。

(4) 损害社会公共利益的。

(5) 违反法律、行政法规的强制性规定的。

2. 无效合同的后果

(1) 因该合同取得的财产，应当予以返还；不能返还或者没有必要返还的，应当折价补偿。

(2) 有过错的一方应当赔偿对方因此所受到的损失，双方都有过错的，应当各自承担相应的责任。

(3) 当事人恶意串通，损害国家、集体或者第三人利益的，因此取得的财产收归国家所有或者返还集体、第三人。

典型案例分析

2017年3月5日，甲公司与乙公司签订一份A产品买卖合同。合同约定，乙公司应于同年3月20日前发货，货款总额为10万元，甲公司于收到A产品3日内验货，若无质量问题全额付款。甲公司在验货时没有发现该批A产品存在质量问题，但在组织生产过程中发现A产品存在瑕疵，不能生产出合格产品，于是要求退货，并要求乙公司退回货款和承担相应损失。乙公司不同意甲公司的要求，认为产品有一定瑕疵但不影响生产，并诉至法院，要求甲公司支付货款。经法院查明，乙公司销售员刘某为达到多推销多提成的目的，在洽谈业务过程中隐瞒了A产品有质量瑕疵的问题，欺骗甲公司签订了合同。

思考：本案例中法院会如何处理？为什么？

分析：根据我国《合同法》的规定，一方以欺诈、胁迫或乘人之危订立的合同，为无效合同。乙公司刘某在洽谈业务时隐瞒了A产品有质量瑕疵的事实，以欺诈手段订立合同，应当为无效合同，无效合同的法律后果可以是返还财产、赔偿损失、收缴财产。在本案例中，法院在判决过程中应判决甲退回A产品，乙公司退还货款并赔偿甲公司的损失。

三、可撤销合同

可撤销合同是指因合同当事人订立合同时意思表示不真实，经有撤销权的当事人行使撤销权，使已经生效的合同归于无效的合同。

1. 可撤销合同的情形

（1）因重大误解订立的合同

行为人因对行为的性质、对方当事人或标的物的品种、质量、规格和数量等的错误认识，使行为的后果与自己的意思相悖，并造成较大损失的，可以认定为重大误解。

典型案例分析

某商场新进一款洗衣机，价格定为2 980元。营业员在制作价签时，误将2 980元写为980元。刘某发现该洗衣机物美价廉，于是用银行卡支付980元购买了一台洗衣机。一周后，商场盘点时发现少了2 000元，经查是营业员标错价签所致。由于刘某用银行卡结算，所以商场查出是刘某少付了洗衣机货款。商场找到刘某，让其或补交2 000元或退回洗衣机，商场退还980元。刘某认为彼此的买卖关系已经成立并交易完毕，商场不能反悔，故拒绝商场的要求。商场无奈只得向人民法院起诉，要求刘某返还2 000元或返还洗衣机。

思考：该案例中商场的要求是否合理？法院会如何判决？

分析：根据《合同法》规定，因重大误解订立的合同属于可撤销合同。本案例中，营业员因对标的物价格的错误认识，使行为的后果与自己的意思相悖，造成了较大损失，认定为重大误解。因此，营业员与刘某之间产生的合同属于可撤销合同。商场提出的让刘某返还2 000元或返还洗衣机的要求合理。法院应判决刘某将洗衣机返还商场，营业员对由此给刘某造成的损失承担责任。

(2) 显失公平的合同

显失公平的合同是指一方在紧迫或缺乏经验的情况下而订立的明显对自己有重大不利的合同。显失公平的合同往往是双方当事人的权利和义务极不对等，经济利益上不平衡，因而违反了合同的公平合理原则。法律规定显失公平的合同应予撤销，不仅是公平原则的具体体现，而且切实保障了公平原则的实现。

(3) 以欺诈、胁迫手段或者乘人之危，使双方在违背真实意思的情况下订立的合同

欺诈是指一方当事人故意告知对方当事人虚假的情况，或者故意隐瞒真实的情况，诱使对方当事人作出错误意思表示的行为。胁迫是指以给公民及其亲人的生命健康、名誉、荣誉、财产等造成损害，或者以给法人的名誉、荣誉、财产等造成损害为要挟，迫使对方作出违背真实意思表示的行为。乘人之危是指一方当事人乘对方处于危难之机，为牟取不正当利益，迫使对方作出不真实的意思表示，严重损害对方利益的行为。

典型案例分析

查某因急需用钱向朋友李某借款20万元，李某想乘机获得查某的一套商品房，遂向查某说明，用20万元换取该房屋，该房屋的市场估价为30万元。查某迫于无奈只得同意李某的建议，签订了房屋买卖合同。

思考：该合同是什么性质的合同？

分析：该合同属于乘人之危，使对方在违背真实意思的情况下订立的合同，因此为可撤销合同。

2. 可撤销合同的后果

(1) 因重大误解订立的合同和显失公平的合同中当事人任何一方，均有权请求人民法院或者仲裁机构变更或撤销合同，且主要是误解方或受害方行使请求权。

(2) 一方以欺诈、胁迫手段或者乘人之危，使对方在违背真实意思的情况下订立的合同的受害方，有权请求人民法院或者仲裁机构变更或者撤销该合同。

(3) 当事人请求变更的，人民法院或仲裁机构不得撤销。

(4) 由于行使撤销权使合同归于无效的，自始没有法律效力。但合同被撤销的，不影响合同中独立存在的有关解决争议方法的条款的效力。

(5) 对因该合同取得的财产，应当予以返还，有过错的一方应当赔偿对方因此所受到的损失。双方都有过错的，应当各自承担相应的责任。

四、效力待定合同

效力待定合同是指合同虽然已经成立，但因其不完全符合生效要件的规定，因此其效力能否发生尚未确定，一般需经有权人承认才能生效。

1. 效力待定合同的情形

有下列情形之一的，为效力待定合同：

（1）限制行为能力人依法不能独立订立的合同。

（2）行为人没有代理权、超越代理权或者代理权终止后以被代理人名义订立的合同。

（3）无处分权的人处分他人财产的合同。

典型案例分析

某高校学生会主席与某印刷厂签订学生作业本印刷合同，合同规定每本作业本0.5元，共印刷5万本，开学时印刷厂将作业本运到学校。

思考：学生会主席与印刷厂签订作业本印刷合同的效力是什么？学校该如何处理？

分析：学生会主席与印刷厂签订作业本的印刷合同属于效力待定合同。学生会主席的行为属于超越代理权签订的合同。学校若追认了该行为，则印刷合同为有效合同，若不予追认该行为，则该合同属于无效合同。

2. 效力待定合同的后果

（1）限制民事行为能力人订立的合同，经法定代理人追认后该合同有效，但纯获利益的合同或者与其年龄、智力、精神健康状况相适应而订立的合同，不必经法定代理人追认。相对人可以催告法定代理人在一个月内予以追认。法定代理人未作表示的，视为拒绝追认。合同被追认之前，善意相对人有撤销的权利。撤销应当以通知的方式作出。

（2）无处分权人所订立的合同，不影响善意买受人根据善意取得制度所取得的权利。由于权利人拒绝承认，合同被宣告无效，财产已交付的，如果受让人善意取得动产，则依法取得该动产的所有权，如交付的是不动产，因不动产所有权变动应实行登记，故不发生善意取得的问题。

（3）无权代理人所订立的合同，如本人不予追认的，对本人不发生代理人行为带来的后果，但如果该无权代理行为具备一般民事法律行为的有效要件，那么该代理行为仍将产生一般民事法律行为的效力，并由该无权代理人自己作为当事人承担其法律后果。

典型案例分析

2017年12月1日，著名歌星李某与新年晚会组织单位签订了一份演出合同，12月31日，李某因出席另一场演出，因而无法出席新年晚会，遂请李某的朋友刘某代为演唱。晚会现场观众不见著名歌星李某遂要求退票，给晚会组织者造成较大损失。

思考：1. 李某可否请朋友刘某代为演唱？为什么？

2. 给晚会组织者造成的损失应由谁承担责任？

分析：李某不可请朋友刘某代为演唱，刘某的行为属于无权代理。因为李某与晚会组织单位签订的合同应为亲自作为的合同，该类合同不能代理。给晚会组织者造成的损失应由李某承担。

思考与练习

1. 合同有效的条件有哪些？
2. 无效合同的情形有哪些？
3. 可撤销合同的情形有哪些？
4. 效力待定合同的法律后果是什么？

第三节　合同的履行

知识目标

➢明确合同履行的原则、合同履行中的抗辩权和合同的保全

能力目标

➢能够行使合同履行中的抗辩权和合同的保全

一、合同履行的原则

合同履行是指合同的当事人按照合同完成约定的义务，如交付货物、提供服务、支付报酬或价款、完成工作、保守秘密等。

合同履行是《合同法》法律约束力的具体表现，合同当事人应当遵守诚实信用原则，严格、全面地履行合同。合同履行的具体原则见表3—2。

表3—2　　合同履行的具体原则

合同履行的原则	含　义
全面履行原则（又称适当履行原则或正确履行原则）	当事人应当按照约定，全面履行自己的义务。要求当事人按合同约定的标的及其质量、数量，合同约定的履行期限、履行地点、履行方式，全面履行合同义务
诚实信用原则	当事人应当遵循诚实信用原则，根据合同的性质、目的和交易习惯，履行通知、协助、保密等义务。要求人们在市场经济活动中讲究信用、恪守诺言、诚实不欺，在不损害他人利益和社会利益的前提下追求自己的利益
协作履行原则	当事人不仅应适当履行自己的合同债务，而且应基于协作履行原则的要求，协助对方当事人履行其债务的履行原则。履行合同不仅是债务人的事，也是债权人的事
情势变更原则	在合同有效成立后、履行前，因不可归责于双方当事人的原因而使合同成立的基础发生变化，如继续履行合同将会造成显失公平的后果。在这种情况下，法律允许当事人变更合同的内容或者解除合同，以消除不公平的后果

二、合同内容约定不明确时的履行规则

《合同法》第六十一条规定，合同生效后，当事人就质量、价款或者报酬、履行地点等内容没有约定或者约定不明确的，可以协议补充。不能达成补充协议的，按照合同有关条款或者交易习惯确定。仍不能确定的，应按表3—3处理。

表3—3　合同内容约定不明确时的履行规则

合同内容约定不明确的项目	履行规则
质量要求	按照国家标准、行业标准、通常标准或符合合同目的的特定标准履行
履行期限	债务人可以随时履行，债权人也可以随时要求履行，但应当给对方必要的准备时间
履行方式	按照有利于实现合同目的的方式履行
价款、报酬	按照订立合同时履行地的市场价格履行
履行地点	给付货币的，在接受货币一方所在地履行；交付不动产的，在不动产所在地履行；其他标的，在履行义务一方所在地履行
履行费用	由履行义务一方负担
执行政府定价或者政府指导价	1. 在合同约定的交付期限内政府价格调整时，按照交付时的价格确定 2. 逾期交付标的物的，遇价格上涨时，按照原价格执行；价格下降时，按照新价格执行 3. 逾期提取标的物或者逾期付款的，遇价格上涨时，按照新价格执行；价格下降时，按照原价格执行

三、合同履行中的抗辩权

抗辩权是指在双务合同中，一方当事人依法具有对抗对方当事人的履行请求或者否认对方权利主张的权利。根据《合同法》的规定，抗辩权可分为同时履行抗辩权、后履行抗辩权、不安抗辩权三种。抗辩权的类别及适用情形见表3—4。

表3—4　抗辩权的类别及适用情形

抗辩权的类别	行使条件	适用情形	效力
同时履行抗辩权	1. 双方当事人基于同一合同，互负债务。 2. 双方互负的债务均已到偿还期限 3. 对方不履行债务或未提出履行债务 4. 双方债务无先后履行顺序	1. 一方当事人不能履行或者拒绝履行合同时，另一方当事人就享有也不履行合同的权利 2. 当一方当事人部分履行合同或者履行合同不符合约定时，对方当事人有权就未履行部分或不符合约定的部分提出抗辩	1. 只是暂时阻止对方当事人请求权的行使，而不是永久终止合同，当对方当事人完全履行了合同义务，同时履行抗辩权即告消灭 2. 当事人因行使同时履行抗辩权致使合同迟延履行的，迟延履行责任由对方当事人承担

续表

抗辩权的类别	行使条件	适用情形	效力
后履行抗辩权	1. 双方当事人基于同一合同，互负债务 2. 合同履行有先后顺序，并且后履行抗辩权的行使人为义务顺序在后的一方当事人 3. 先履行一方未履行或履行不符合规定	1. 应当先履行的一方当事人不履行到期债务时，后履行的一方当事人有权不履行合同义务 2. 应当先履行的一方当事人履行债务不符合约定时，后履行的一方当事人有权不履行相应的合同义务	只是暂时阻止对方当事人请求权的行使，而不是永久终止合同，应当先履行的一方当事人完全履行了合同义务，则后履行抗辩权即告消灭
不安（先履行）抗辩权	1. 双方当事人基于同一合同，互负债务 2. 合同履行有先后顺序 3. 不安抗辩权的行使人是履行义务顺序在先的一方当事人 4. 后履行合同义务的一方当事人有丧失或可能丧失履行债务能力的情形	1. 后履行一方经营状况严重恶化 2. 后履行一方有转移财产、偷逃资金等逃避债务的情形出现 3. 后履行一方丧失商业信誉 4. 后履行一方有丧失或可能丧失履行债务能力的其他情形	1. 中止合同，即先履行合同的当事人停止履行或延期履行合同。先履行合同的当事人行使中止权时，应当及时通知对方，以免给对方造成损害，或者使对方在接到通知后，提供相应的担保，使合同得以履行 2. 中止合同后，如果对方在合理期限内未恢复履行能力，并且未提供适当担保，中止履行合同的一方可以解除合同

四、合同的保全

1. 代位权

（1）代位权的概念

代位权是指因债务人怠于行使其到期债权，对债权人造成损害时，债权人依法向人民法院请求以自己的名义代位行使债务人债权的权利。

（2）代位权的行使条件

1）债务人对第三人享有合法债权，并且是非属于债务人自身的权利。

2）债务人的债权已到期。

3）债务人怠于行使其到期债权，对债权人造成损害。

（3）代位权行使的范围

以债权人的债权为限，超出部分人民法院不予支持。债权人行使代位权的必要费用由债务人承担。

典型案例分析

胡某于2017年2月1日向顾某借款5万元，约定借款期限为1年，借款期限届满后，胡某未按约定还款。经了解，因胡某生意资金周转紧张，暂时无钱还款，而刘某尚欠胡某到期货款8万元。2017年6月，顾某向法院提起代位权起诉，要求刘某向其履行偿付义务。

思考：请用法律知识分析法院该如何判决。

分析：本案例中，顾某借给胡某的5万元债权已到期，胡某因生意资金周转紧张，怠于偿还，致使顾某的债权不能得到实现，顾某在得知刘某欠胡某到期货款8万元之后，向法院申请行使代位权，符合代位权行使的条件，法院应予以支持。本案例中为防止刘某也不能完全偿还5万元，顾某可同时向法院申请胡某负连带责任，确保顾某的合法权益免受损害。本案例中需要注意的是，顾某在行使代位权时只能以债权5万元为限，超出的3万元部分法院不予支持。

2. 撤销权

（1）撤销权的概念

撤销权是指因债务人放弃其到期债权或者无偿转让财产，或以明显不合理的低价转让财产，对债权人造成损害的，债权人可以请求人民法院撤销债务人行为的权利。

（2）撤销权行使的条件

1）债务人以赠与、免除债务等无偿行为处分债务，包括放弃到期债权、无偿转让财产，不论第三人善意、恶意取得，均可撤销。

2）债务人有偿转让的，以第三人恶意取得为要件，若第三人主观上无恶意，则不能撤销其善意取得的行为。

3）恶意延长到期债权的履行期，对债权人造成损害。

4）撤销权自债权人知道或者应当知道撤销事由之日起1年内行使。自债务人的行为发生之日起5年内没有行使撤销权的，该撤销权消灭。

（3）撤销权行使的范围

债权人行使撤销权的范围以债权人的债权为限。债权人行使撤销权的必要费用由债务人承担。

典型案例分析

2017年1月，甲、乙公司签订了一项房屋买卖合同，合同约定甲公司于当年6月1日向乙公司交付房屋50套，并办理登记手续，乙公司则向甲公司分三次付款：第一期支付1 000万元，第二期支付2 000万元，第三期则在6月1日甲公司向乙公司交付房屋时支付3 000万元。在签订合同后，乙公司按期支付了第一期、第二期款项共3 000万元。6月1日，甲公司将房屋的钥匙移交乙公司，但并未立即办理房产所有权转移登记手续。因此，乙公司表示剩余款项在登记手续办理完毕后再付。在合同约定付款日期（6月1日）7日后，乙公司仍然没有付款，甲公司遂以乙公司违约为由诉至法院，请求乙公司承担违约责任。乙公司则以甲公司未按期办理房产所有权转移登记手续为由抗辩。

思考：分析本案例中使用抗辩权的条件和法律后果。

分析：在本案例中，从表面看，甲公司违背了合同约定，未按期办理房地产所有权转移登记手续，构成违约。乙公司也违背了合同约定，在合同约定付款日期7日后，仍然没有付款，构成了履行迟延。但是，在考虑其是否应当承担违约责任时，还应考虑其是否享有法定的抗辩权。

在本案例中，乙公司按期向甲公司支付了第一期、第二期款项共3 000万元，并无违约情形，甲公司并无理由行使后履行抗辩权，因此，甲公司未按期办理房产所有权转移登记手续属于违约行为，应当承担相应的违约责任。

但对乙公司而言，其第三期款项的支付与甲公司交付房屋并办理房产所有权转移登记手续是应当同时履行的义务。由于本案例中合同标的物是房屋，房屋属于不动产，与动产买卖合同不同，由于不动产所有权的变动以登记为要件，不动产的买卖中出卖人除负有交付标的物的义务之外，还应当完成产权转移登记，才真正履行完给付义务。尽管当事人未办理登记手续并不影响合同本身的效力，但是因为没有办理登记，房屋的所有权不能发生转移，买受人不能因出卖人的交付而获得房产的所有权，因此，办理登记是房屋买卖合同的主给付义务。可见，在本案例中由于甲公司的行为有可能导致乙公司的合同目的不能实现，根据《合同法》的规定，乙公司有权拒绝支付剩余款项。

思考与练习

1. 合同履行有哪些原则？
2. 什么是抗辩权？有哪几种抗辩权？
3. 合同的保全措施有哪两种？行使的条件分别是什么？

第四节 合同的担保

知识目标

➢ 掌握合同担保的方式

➢ 理解保证、抵押、质押、留置、定金的法律规定

能力目标

- 能够判断合同当事人采用的担保措施是否合法
- 能够依法设定担保措施，维护自身合法权益

一、担保的概念和特征

1. 概念

担保是指债权人为保障其债权的实现，要求债务人向债权人提供保证其债权实现的法律措施，包括保证、抵押、质押、留置和定金五种方式。担保活动应遵循平等、自愿、公平、诚实信用的原则。

2. 特征

（1）从属性

担保合同是主合同的从合同，主合同无效则担保合同无效，担保合同另有约定的除外。

（2）条件性

只有债务人不履行或不完全履行而导致债权不能实现或不能完全实现时，担保义务才须履行，否则担保人有权拒绝履行担保义务。

（3）特定性

主债权的范围必须特定，包括主债权的种类、数量、金额等，还要明确因主债权而产生的利息、违约金、损害赔偿金等。

（4）财产性

担保是一种财产权，反映的是财产关系。

3. 担保合同的无效

（1）国家机关和以公益为目的的事业单位、社会团体违反法律规定提供担保的，担保合同无效。

（2）董事、经理违反《公司法》的规定，以公司资产为本公司的股东或者其他个人债务提供担保的，担保合同无效。法人或者其他组织的法定代表人、负责人超越权限订立的担保合同，除相对人知道或者应当知道其超越权限的以外，该担保行为无效。

（3）以法律、法规禁止流通的财产或者不可转让的财产设定担保的，担保合同无效。

（4）对外担保合同无效的情形包括以下几种：

1）未经国家有关主管部门批准或者登记对外担保的。

2）未经国家有关主管部门批准或者登记，为境外机构向境内债权人提供担保的。

3）为外商投资企业注册资本，为外商投资企业中的外方投资部分的对外债务提供担保的。

4）为无权经营外汇担保业务的金融机构、无外汇收入的非金融性质的企业法人提供外汇担保的。

5）主合同变更或者债权人将对外担保合同的权利转让，未经担保人同意和国家有关主管部门批准的，担保人不再承担担保责任，但法律、法规另有规定的除外。

4. 担保无效的法律责任

（1）主合同有效而担保合同无效，债权人无过错的，担保人与债务人对主合同债权人的经济损失，承担连带赔偿责任；债权人、担保人有过错的，担保人承担民事责任的部分，不应超过债务人不能清偿部分的1/2。

（2）主合同无效而导致担保合同无效，担保人无过错的，担保人不承担民事责任；担保人有过错的，担保人承担民事责任的部分，不应超过债务人不能清偿部分的1/3。

（3）主合同解除后，担保人对债务人应当承担的民事责任仍应承担担保责任。担保人因无效担保合同向债权人承担赔偿责任后，可以向债务人追偿。

二、保证

1. 保证的概念

保证是指保证人和债权人以书面形式约定，当债务人不履行债务时，保证人按照约定履行债务或者承担责任的协议。

2. 保证人的资格及范围

（1）保证人的资格

1）保证人必须具有民事行为能力。

2）保证人必须是具有代为清偿债务能力的法人、其他组织或公民。

3）保证人必须为债务人之外的第三人。

（2）保证人的范围

1）公民。具有完全行为能力，限制行为能力人必须经过其法定代理人的同意。

2）企业法人。以营利为目的的企业法人可以以其所有或经营管理的财产承担保证责任。企业法人的职能部门不能作为保证人，如公司的人事部、财务部、车间等。企业法人的分支机构未经法人书面授权的，保证合同无效。如果法人的书面授权范围不明，法人的分支机构应当对保证合同约定的全部债务承担保证责任。企业法人的分支机构经营管理的财产不足以承担保证责任的，由企业法人承担民事责任。

3）事业单位、社会团体。从事经营的事业单位、社会团体原则上可以作为保证人，但学校、幼儿园、医院等以公益为目的的事业单位、社会团体不得作为保证人。

4）国家机关。国家机关一般不得作为保证人。在使用外国政府或者国际经济组织贷款进行转贷时，如果经过国务院批准，国家机关可以作为保证人。

5）其他组织。包括以下五种：

①依法登记领取营业执照的独资企业、合伙企业。

②依法登记领取营业执照的联营企业。

③依法登记领取营业执照的中外合作经营企业。

④经民政部门核准登记的社会团体。

⑤经核准登记领取营业执照的乡镇、街道、村办企业。

不具有完全代偿能力的法人、其他组织或者自然人，以保证人身份订立保证合同后，又以自己没有代偿能力要求免除保证责任的，人民法院不予支持。

3. 保证合同

保证人与债权人应当以书面形式订立保证合同。保证合同应当包括以下内容：

（1）被保证的主债权种类、数额。

（2）债务人履行债务的期限。

（3）保证的方式。

（4）保证担保的范围。

（5）保证的期间。

（6）双方认为需要约定的其他事项。

4. 保证的范围、期间及责任

（1）保证的范围

保证的范围包括主债权及利息、违约金、损害赔偿金和实现债权的费用。保证合同另有约定的，按照约定。当事人对保证担保的范围没有约定或者约定不明确的，保证人应当对全部债务承担保证责任。保证人承担保证责任后，有权向债务人追偿。人民法院受理债务人破产案件后，债权人未申报债权的，保证人可以参加破产财产分配，预先行使追偿权。

（2）保证期间及责任

保证期间是指保证合同当事人的约定或依法律推定在主债务履行期届满后，保证人能够容许债权人主张权利的最长期限。

保证合同约定的保证期间早于或者等于主债务履行期限的，视为没有约定，保证期间为主债务履行期届满之日起 6 个月。保证合同约定保证人承担保证责任直至主债务本息还清时为止等类似内容的，视为约定不明，保证期间为主债务履行期届满之日起 2 年。保证期间不因任何事由中断、中止或延长。

在保证期间中，债权人应当向债务人提起诉讼或仲裁（在一般保证中）或向保证人

(在连带保证中)主张权利。逾此期限，债权人未提起上述主张的，保证人则不承担保证责任。

5. 保证方式

(1) 一般保证

一般保证是指当事人在保证合同中约定，债务人不能履行债务时由保证人承担保证责任。

(2) 连带保证

连带保证是指债务人在主合同规定的债务履行期届满没有履行债务的，债权人可以要求债务人履行债务，也可以要求保证人承担保证责任。

保证方式的具体内容见表 3—5。

表 3—5 保证方式

种类	成立方式	保证力度及责任	权利内容	诉讼时效
一般保证	债权人与保证人约定	保证力度较轻，只承担保证责任	在主合同纠纷未经审判或仲裁，并就债务人财产依法强制执行仍不能履行债务前，拥有可以对债权人拒绝承担保证责任的抗辩权	一般保证的债权人在保证期间届满前对债务人提起诉讼或者申请仲裁的，从判决或者仲裁裁决生效之日起，开始计算保证合同的诉讼时效 一般保证中，主债务诉讼时效中断，保证债务诉讼时效中断 主债务诉讼时效中止的，保证债务的诉讼时效同时中止
连带保证	法律规定；债权人与保证人约定；无约定或约定不明确的	保证力度较重，承担保证责任或债务履行责任	无抗辩权	连带保证责任的债权人在保证期间届满前要求保证人承担保证责任的，从债权人要求保证人承担保证责任之日起，开始计算保证合同的诉讼时效 连带保证责任中，主债务诉讼时效中断，保证债务诉讼时效不中断 主债务诉讼时效中止的，保证债务的诉讼时效同时中止

6. 保证责任的免除

(1) 同一债权既有保证又有物的担保的，保证人对物的担保以外的债权承担保证责任。债权人放弃物的担保的，保证人在债权人放弃权利的范围内免除保证责任。

(2) 在保证期间内，债权人未要求保证人承担保证责任的，保证人免除保证责任。

(3) 在保证期间内，债权人未对债务人提起诉讼或申请仲裁的，保证人免除保证责任。

（4）主合同当事人双方串通，骗取保证人提供保证的，保证人不承担民事责任。

（5）主合同债权人采取欺诈、胁迫等手段，使保证人在违背真实意思的情况下提供保证的，保证人不承担民事责任。

三、抵押

1. 抵押的概念和抵押物

（1）抵押的概念

抵押是指为担保债务的履行，债务人或者第三人不转移对财产的占有，将该财产抵押给债权人作为债权的担保。债务人不履行到期债务的，或者发生当事人约定的实现抵押权的情形时，债权人有权将该财产折价或者以拍卖、变卖的价款优先受偿。

（2）抵押物

提供担保的财产称为抵押物。抵押人所担保的债权不得超出其抵押物的价值。抵押物的价值大于担保债权的余额，可以再次抵押，但不得超出其余额部分。

1）可以作为抵押物的财产包括以下六种：

①抵押人所有的房屋和其他地上定着物。

②抵押人所有的机器、交通运输工具和其他财产。

③抵押人依法有权处分的国有土地使用权、房屋和其他地上定着物。以依法取得的国有土地上的房屋抵押的，该房屋占用范围内的国有土地使用权同时抵押。以出让方式取得的国有土地使用权抵押的，应当将抵押时该国有土地上的房屋同时抵押。乡（镇）、村企业的土地使用权不得单独抵押。以乡（镇）、村企业的厂房等建筑物抵押的，其占用范围内的土地使用权同时抵押。

④抵押人依法有权处分的国有机器、交通运输工具和其他财产。

⑤抵押人依法承包并经发包方同意抵押的荒山、荒沟、荒丘、荒滩等荒地的土地使用权。

⑥依法可以抵押的其他财产。

2）不得抵押的财产包括以下六种：

①土地所有权。

②耕地、宅基地、自留地、自留山等集体所有的土地使用权。

③学校、幼儿园、医院等以公益为目的的事业单位、社会团体的教育设施、医疗卫生设施和其他社会公益设施。

④所有权、使用权不明或者有争议的财产。

⑤依法被查封、扣押、监管的财产。

⑥依法不得抵押的其他财产。

3）抵押物登记。根据《担保法》第四十三条规定，需要办理抵押物登记的，抵押合同自签订之日起生效。办理抵押物登记的部门如下：

①以地上定着物的土地使用权抵押的，为核发土地使用权证书的土地管理部门。

②以城市房地产或者乡（镇）、村企业的厂房等建筑物抵押的，为县级以上地方人民政府规定的部门。

③以林木抵押的，为县级以上林木主管部门。

④以航空器、船舶、车辆抵押的，为运输工具的登记部门。

⑤以企业的设备和其他动产抵押的，为财产所在地的工商行政管理部门。

2. 抵押合同

抵押人和抵押权人应当订立书面抵押合同。抵押合同应当包括以下内容：

（1）被担保的主债权种类、数额。

（2）债务人履行债务的期限。

（3）抵押物的名称、数量、质量、状况、所在地、所有权权属或者使用权权属。

（4）抵押担保的范围。

（5）当事人认为需要约定的其他事项。

订立抵押合同时，抵押权人和抵押人在合同中不得约定在债务履行期届满，抵押权人未受清偿时，抵押物的所有权转移为债权人所有。

3. 抵押担保的范围

抵押担保的范围包括主债权及利息、违约金、损害赔偿金和实现抵押权的费用。抵押合同另有约定的，按照约定。抵押人所担保的债权不得超出其抵押物的价值。财产抵押后，该财产的价值大于所担保债权的余额部分，可以再次抵押，但不得超出其余额部分。

4. 抵押的效力

（1）以法定程序确认为违法、违章的建筑物抵押的，抵押无效。

（2）以依法获准尚未建造的或者正在建造中的房屋或者其他建筑物抵押的，当事人办理了抵押物登记，人民法院可以认定抵押有效。

（3）当事人未办理抵押物登记的，不得对抗第三人。当事人办理抵押物登记的，登记部门为抵押人所在地的公证部门。

（4）抵押人将已出租的财产抵押的，应当书面告知承租人，原租赁合同继续有效。

四、质押

1. 质押的概念

（1）质押

质押是指债务人或者第三人将其动产或者权利移交债权人占有，将该动产作为债权的担保，当债务人不履行债务时，债权人有权依法就该动产拍卖所得价款优先受偿。

质押可分为动产质押和权利质押。债务人或者第三人为出质人，债权人为质权人。

（2）质物

质物是指由债务人或者第三人向债权人提供的担保物或权利，所有权仍归债务人或第三人所有。动产质押的质物主要包括可以转让的动产（如原材料、库存商品、包装物等）及其孳息、从物、添附物、赔偿金等。

2. 质押担保的范围

质押担保的范围包括主债权及利息、违约金、损害赔偿金、质物保管费用和实现质权的费用。质押合同另有约定的，按照约定。

3. 动产质押

（1）动产质押的概念

动产质押是指债务人或者第三人将其动产移交债权人占有，将该动产作为债权的担保。债务人不履行债务时，债权人有权依照法律规定，以该动产折价或者以拍卖、变卖该动产的价款优先受偿。

（2）质押合同

出质人和质权人应当以书面形式订立质押合同，质押合同自质物移交质权人占有时生效。质押合同应当包括以下内容：

1）被担保的主债权种类、数额。

2）债务人履行债务的期限。

3）质物的名称、数量、质量、状况。

4）质押担保的范围。

5）质物移交的时间。

6）当事人认为需要约定的其他事项。

质押合同不完全具备规定内容的，可以补充。质押合同中对质押的财产约定不明，或者约定的质物与实际移交的质物不一致的，以实际交付占有的质物为准。

（3）质权人对质物的责任

1）质权人负有妥善保管质物的义务。因保管不善致使质物灭失或者毁损的，质权人应当承担民事责任。

2）质权人不能妥善保管质物可能致使其灭失或者毁损的，出质人可以要求质权人将质物提存，或者要求提前清偿债权而返还质物。

3）质权人在质权存续期间，未经出质人同意转质，造成质押财产毁损、灭失的，应当向出质人承担赔偿责任。

4）出质人和质权人在合同中不得约定在债务履行期届满，质权人未受清偿时，质物的所有权转移为质权人所有。

5）债务履行期届满质权人未受清偿的，质权人可以继续留置质物。

6）债务人履行债务后或者出质人提前清偿所担保的债权的，质权人应当返还质押财产。

7）债务履行期届满，出质人请求质权人及时行使权利，而质权人怠于行使权利致使质物物价下跌的，由此造成的损失，质权人应当承担赔偿责任。

4. 权利质押

（1）权利质押的概念

权利质押是指债务人或者第三人以其财产权利交付债权人作为债权的担保，当债务人不履行债务时，债权人有权依照法律规定，以该财产权利折价或者以拍卖、变卖该财产权利的价款优先受偿。

（2）出质权利

债务人或者第三人有权处分的下列权利可以出质：

1）汇票、本票、支票、债券、存款单、仓单、提单。

2）依法可以转让的股份、股票。

3）依法可以转让的商标专用权，专利权、著作权中的财产权。

4）依法可以质押的其他权利，如应收账款等。

（3）相关法律规定

1）以汇票、支票、本票、债券、存款单、仓单、提单出质的，应当在合同约定的期限内将权利凭证交付质权人，质押合同自权利凭证交付之日起生效。出质人与质权人没有背书记载“质押”字样，以票据出质对抗善意第三人的，人民法院不予支持。

以载明兑现或者提货日期的汇票、支票、本票、债券、存款单、仓单、提单出质的，兑现或者提货日期先于债务履行期的，质权人可以在债务履行期届满前兑现或者提货，并与出质人协议将兑现的价款或者提取的货物用于提前清偿所担保的债权，或者向与出质人约定的第三人提存。

以载明兑现或者提货日期的汇票、支票、本票、债券、存款单、仓单、提单出质的，其兑现或者提货日期后于债务履行期的，质权人只能在兑现或者提货日期届满时兑现款项或者提取货物。

2）以依法可以转让的股票出质的，出质人与质权人应当订立书面合同，并向证券登记机构办理出质登记。质押合同自登记之日起生效。

股票出质后不得转让，但经出质人与质权人协商同意的可以转让。出质人转让股票所得的价款应当向质权人提前清偿所担保的债权，或者向与质权人约定的第三人提存。

3）以依法可以转让的商标专用权，专利权、著作权中的财产权出质的，出质人与质权人应当订立书面合同，并向其管理部门办理出质登记，质押合同自登记之日起生效。权利出质后，出质人不得转让或者许可他人使用，但经出质人与质权人协商同意的可以转让或者许可他人使用。出质人所得的转让费、许可费应当向质权人提前清偿所担保的债权或者向与质权人约定的第三人提存。

4）以存款单出质的，签发银行核押后又受理挂失并造成存款流失的，应当承担民事责任。

5）以票据、债券、存款单、仓单、提单出质的，质权人再转让或者质押的无效。

6）以依法可以转让的商标专用权，专利权、著作权中的财产权出质的，出质人未经质权人同意而转让，或者许可他人使用已出质权利的，应当认定为无效。因此给质权人或者第三人造成损失的，由出质人承担民事责任。

5. 留置

（1）留置的概念

留置是指债权人按照合同约定占有债务人的动产，债务人不按照合同约定的期限履行债务的，债权人有权依法规定留置该财产，并有权将该财产折价或者以拍卖、变卖该财产的价款优先受偿。

（2）留置的范围

留置担保的范围包括主债权及利息、违约金、损害赔偿金，留置物保管费用和实现留置权的费用。

留置适用的范围包括保管合同、运输合同、承揽加工合同以及法律规定可以留置的其他合同。

（3）相关法律规定

1）留置的财产为可分物的，留置物的价值应相当于债务的金额；留置物为不可分物的，留置权人可以就其留置物的全部行使留置权。

2）留置权人负有妥善保管留置物的义务。因保管不善致使留置物灭失或者毁损的，留置权人应当承担民事责任。

3）债权人与债务人应当在合同中约定，债权人留置财产后，债务人应当在不少于2个月的期限内履行债务。债权人与债务人在合同中未约定的，债权人留置债务人财产后，应当确定2个月以上的期限，通知债务人在该期限内履行债务。

4）债务人逾期仍不履行的，债权人可以与债务人协议以留置物折价，也可以依法拍卖、变卖留置物。留置物折价或者拍卖、变卖后，其价款超过债权数额的部分归债务人所有，不足部分由债务人清偿。

5）当事人在合同中约定排除留置权，债务履行期届满，债权人行使留置权的，人民法院不予支持。

6）债权人行使留置权与其承担的义务或者合同的特殊约定相抵触的，人民法院不予支持。

6. 定金

（1）定金的概念

定金是指在合同订立或在履行之前作为债权的担保而支付的一定数额的货币。

（2）定金的特征

1）从属性。定金随着合同的存在而存在，随着合同的消灭而消灭。

2）实践性。定金是由合同当事人约定的，只有合同当事人将定金实际交付给对方，定金才能成立。若有定金约定而无实际交付，定金担保不能成立。

3）预先支付性。在合同成立后、未履行前交付定金，才能起到担保的作用。

4）双重担保性，又称定金罚则。定金约定对双方当事人均具有一定约束力，起到相互担保的作用，即交付定金的一方不履行债务的，无权要求债权人返还定金，而收受定金的一方不履行债务的，则应双倍返还定金。

因不可抗力、意外事件致使主合同不能履行的，不适用定金罚则。因合同关系以外第三人的过错，致使主合同不能履行的，适用定金罚则。受定金处罚的一方当事人，可以依法向第三人追偿。

因当事人一方迟延履行或者其他违约行为，致使合同目的不能实现，可以适用定金罚则，但法律另有规定或者当事人另有约定的除外。当事人一方不完全履行合同的，应当按照未履行部分所占合同约定内容的比例，适用定金罚则。

（3）定金的设定

定金应当以书面形式约定。具体形式可以是单独订立的书面定金合同，也可以是当事人之间约定定金性质的信函、传真等，还可以是主合同中约定的定金条款。定金合同应记载定金的交付期限、数额、定金罚则等必要事项。当事人在定金合同中应当约定交付定金的期限，定金合同从实际交付定金之日起生效。

（4）定金的数额

定金的数额由当事人约定，但不得超过主合同标的额的20%，超过的部分人民法院不予支持。实际交付的定金数额多于或者少于约定数额，视为变更定金合同。收受定金一方提出异议并拒绝接受定金的，定金合同不生效。

典型案例分析

2017年9月20日，杨某与甲房地产公司为将来签订商品房买卖合同而签订了房屋预定单，房屋预定单是格式条款，在条款中明确规定杨某认购后不得主张对销售合同条款有异议而放弃购买。按合同规定杨某应预交10万元定金，双方口头约定，如最终双方签订房屋销售合同，此款可自动转为首付款，如未签订合同则应返还。9 月 28 日，杨某交付了 10 万元定金，后杨某因信用卡消费未能及时还款导致征信出现问题，无法从银行获得贷款，导致房屋销售合同无法签订，杨某向甲房地产公司要求变更购房合同，但甲房地产公司不同意，同时通过信件要求杨某在 2017 年 10 月 22 日前签订商品房买卖合同，但未得到杨某的确认。10 月 27 日，杨某向甲房地产公司提出要求返还购屋预付的定金，被甲房地产公司予以拒绝。杨某遂将甲房地产公司诉讼至法院。

思考：杨某是否有权要求退还 10 万元定金？法院应当如何判决？

分析：杨某有权要求退还 10 万元定金。杨某与甲房地产公司为将来签订商品房买卖合同而签订的房屋预定单是商品房合同预约合同，房屋预定单中规定“原告杨某认购后不得主张对销售合同条款有异议而放弃购买”的条款，系格式条款合同，作为格式条款提供方的甲房地产公司在该格式条款中不适当排除了杨某自由、平等缔约合同的主要权利，在本案例中，导致杨某与甲房地产公司未能订立商品房买卖合同的原因不可归责于双方当事人，被告甲房地产公司应将其收取的定金返还杨某。

思考与练习

1. 简述担保的概念及担保的种类。
2. 哪些财产可以抵押？哪些财产不可以抵押？
3. 简述定金罚则的内容。

第五节　合同的变更、转让和终止

知识目标

➢ 掌握合同变更的条件、形式

➢ 理解合同转让的形式、限制、效力

➢ 明确合同终止的情形、后果

能力目标

➢ 能够根据合同的履行情形依法变更、转让合同

➢ 能够通过解除、抵消、提存等合适方式终止合同，维护自身合法权益

一、合同的变更

1. 合同变更的概念

《合同法》规定，合同的变更仅指合同内容的变更。合同主体的变更称为合同的转

让。合同变更是合同关系的局部变化，如标的的变更、标的数量的增减、价款的变化以及履行时间、地点、方式的变化等，而不是合同性质的变化，如买卖变为赠与，合同关系失去了同一性，此为合同的更新或更改。

2. 合同变更的条件

（1）已存在有效的合同关系

合同的变更以原已存在合同关系为前提，若没有原合同关系便无合同的变更。同时，原合同关系若非合法有效，如合同无效、合同被撤销、追认权人拒绝追认效力未定的合同，均自始无效，因此这些合同也无变更之说。

（2）合同内容发生变化

合同内容的变化包括标的物数量的增减、标的物品质的改变、价款或者酬金的增减、履行期限的变更、履行地点的改变、履行方式的改变、结算方式的改变、所附条件的增添或除去、单纯债权变为选择债权、担保的设定或取消、违约金的变更、利息的变化。

（3）经当事人协商一致或依法律规定及法院判决而变更

《合同法》第七十七条规定，当事人协商一致，可以变更合同。合同变更通常是当事人合意的结果。此外，合同也可能基于法律规定或法院裁决而变更，如《合同法》规定，一方当事人可以请求人民法院或者仲裁机关对重大误解或显失公平的合同予以变更。

（4）遵循法定的程序和方式

法律、行政法规规定变更合同应当办理批准、登记等手续的，应遵守其规定。

3. 合同变更的效力

合同变更的实质在于使变更后的合同代替了原合同。因此，合同变更后，当事人应按变更后的合同内容履行。当事人对合同变更的内容约定不明确的，推定为未变更。新的协议未达成之前，原合同仍然有效。

合同变更仅对未履行的部分有效，对已履行的部分没有溯及力，即已经履行部分不因合同的变更而失去合法性，因此，合同变更一般不会发生返还问题。

合同的变更不影响当事人要求赔偿的权利。原则上，提出变更的一方当事人对对方当事人因合同变更所受损失应负赔偿责任。

4. 合同变更的形式和程序

（1）合同变更需遵守法律要求的形式，若原来的合同采用的是书面形式，则变更合同的方式也应采用书面形式。若法律、行政法规规定变更合同应当办理批准、登记手续的，则应办理批准、登记手续。

（2）当事人一方应向对方提出变更合同的要约，即先做出意思表示，然后对方对要约作出承诺与否的判断，即判断是否完全同意要约的内容。双方在没有达成新的协议之前，单方面变更合同属于违约行为。

典型案例分析

1月20日，新华公司与宏丰服装公司签订了一批连衣裙采购合同，总价款30万元。合同约定新华公司于合同签订后预付货款的20%，即6万元，宏丰服装公司于4月30日前交货。新华公司如约支付了6万元预付款，2月6日，新华公司经过市场调研发现，今年夏季的流行款式发生变化，立即致电宏丰服装公司的经理，要求变动连衣裙的款式，经理同意了该款式变更要求，但双方没有签订书面变更协议，事后经理忘记将此事通知设计部门负责人，等到4月底新华公司验货时发现款式并未变更，询问宏丰公司经理时，经理以没有达成书面协议，此变更无效为由按原合同履行。新华公司拒付剩余货款，并要求宏丰公司退回预付款6万元。宏丰公司不同意新华公司的要求，新华公司随即提起诉讼，要求对方承担违约责任，退回货款。

思考：此案例中合同的变更成立吗？为什么？法院应怎样审理？

分析：当事人需要变更合同时，应及时通知对方，经过双方协商一致达成变更协议后，合同的变更行为一般才算完成。合同变更需遵守法律要求的形式，若原来的合同采用的是书面形式，则变更合同的方式也应采用书面形式。本案例中原合同采用的是书面形式，因此变更合同也应采用书面形式，口头变更合同在任何一方不承认或未有确切证据表明对方同意时，法院不予确认。本案例中的新华公司变更款式时只打了电话，未签订任何书面协议，由于缺乏必要的证据证明该变更行为，因此法院判定新华公司败诉，法院判决以原合同为基础，新华公司在收到货后拒不付款，显然是违约行为，而宏丰公司完全按合同内容履行了义务，无任何过错，判定宏丰公司胜诉。

二、合同转让

1. 合同转让的概念

合同转让是指当事人一方将其合同权利、合同义务或者合同权利义务，全部或者部分转让给第三人。合同转让也就是合同法律关系主体的变更，在不改变合同关系内容的前提下，使合同的权利主体或者义务主体发生变动，由新的债权人代替原债权人，由新的债务人代替原债务人。

根据转让内容的不同，合同转让包括合同权利转让、合同义务转让以及合同权利义务一并转让三种类型。

2. 合同权利转让

(1) 合同权利转让的概念

合同债权人通过协议将其债权全部或者部分转让给第三人的行为称为合同权利转

让。合同权利转让具体包括三方面的含义：

1）合同权利转让是指不改变合同权利的内容，由债权人将权利转让给第三人。因此，权利转让的主体是债权人和第三人，债务人不能成为合同权利转让的当事人。

2）合同权利转让的对象是合同债权，属于合同法的调整范围，与物权转让有着本质的区别。

3）合同权利的转让既可以是全部的转让，也可以是部分的转让。在权利部分转让的情况下，受让人作为第三人将加入到原合同关系中，与原债权人共同享有债权。在权利全部转让的情况下，受让人则完全取代转让人的地位而成为合同当事人，原合同关系消亡，产生了一个新的合同关系。

（2）合同权利转让的限制

从保护社会公共利益和维护交易秩序，兼顾转让双方的利益出发，《合同法》对合同转让的范围作了限制。

1）根据合同性质不得转让。一是以特定的债权人为基础发生的合同权利不得转让，例如，以某特定演员的演出活动为基础订立的演出合同而产生的合同权利；二是从权利不得与主权利分离而单独转让。通常认为具有人身性质的债权不得转让，如人身损害赔偿请求权的侵权债权、抚养费请求权、抚恤金请求权等法定债权，均不得转让。

2）按照当事人约定不得转让。当事人在订立合同时，可以对权利的转让作出特别的约定，禁止债权人将权利转让给第三人。这种约定不得约束第三人，即若当事人一方违反约定，将合同权利转让给善意第三人，则善意第三人可以取得该项权利。

3）依照法律规定不得转让。

（3）合同权利转让的效力

合同权利转让生效除遵守合同转让的一般条件和要求外，还应当通知债务人，债务人接到债权转让通知后，债权转让行为就生效。未经通知，则该转让对债务人不发生效力。债权人转让权利的通知不得撤销，经受让人同意的除外。

典型案例分析

2017 年 2 月 10 日，甲公司与乙公司签订一份 A 材料采购合同，合同约定甲公司于 2017 年 3 月 10 日向乙公司提供 A 材料，价款 20 万元，乙公司因业务发展改变，于 3 月 1 日与丙公司签订转让合同，将上述 A 材料转让给丙公司，并同日通知了甲公司。

思考：乙公司转让该债权的行为是否有效？为什么？

分析：该合同转让为权利的转让，根据《合同法》规定，合同权利转让除遵守合同转让的一般条件和要求外，还应当通知债务人。未经通知，该转让对债务人不发生效力。本案例中乙公司的合同权利转让通知了甲公司，因此是有效的。

3. 合同义务转让

（1）合同义务转让的概念

合同义务转让是指不改变合同的内容，债务人将其合同义务全部或部分地转移给第三人。

债务人将其全部合同义务转让给第三人，由该第三人取代债务人的地位，叫作免责的债务承担。债务人将其合同义务部分地转让给第三人，如果该债务人与第三人连带地向债权人负责，叫作并存的债务承担，如果该债务人与第三人各自按份负其责任，则按按份之债的规则处理。

(2) 合同义务转让的效力

合同义务转让除遵守合同转让的一般条件和要求外，还必须经债权人同意，否则无效。新债务人可以主张原债务人对于债权人的抗辩。合同义务转让时合同的从义务一并移转。

4. 合同权利义务一并转让

(1) 合同权利义务一并转让的概念

合同权利义务一并转让是指当事人一方经对方同意，可以将自己在合同中的权利和义务一并转让给第三人。

合同权利义务的一并转让可以是合同权利和义务全部由出让人转移至受让人，即全部转让，也可以是合同权利和义务的一部分由出让人转移至受让人，即部分转让。

(2) 合同权利义务一并转让的效力

合同关系的一方当事人将权利和义务一并转让时，除了应当遵守《合同法》有关转让权利和义务转移的其他规定外，还应当征得另一方当事人的同意，未经对方当事人同意的，转让无效。

转让合同权利和义务时，从权利和从债务一并转让，受让人取得与债权有关的从权利和从债务，但该从权利和从债务专属于让与人自身的除外。转让合同权利和义务不影响债务人抗辩权的行使，债务人对让与人享有债权的，可以依照有关规定向受让人主张抵消。法律、行政法规规定应当办理批准、登记手续的，应当依照其规定办理。

三、合同解除

1. 合同解除的概念及特征

合同解除是指合同有效成立后，在一定条件下通过当事人的单方行为或者双方合意终止合同效力的行为。

合同解除有以下法律特征：

(1) 合同解除是对有效合同的解除

合同解除以有效成立的合同为前提，这是合同解除与合同无效、合同撤销及要约或承诺的撤回等制度的不同之处。

（2）合同的解除必须具有解除事由

合同一经有效成立即具有法律约束力，双方当事人必须履行，不得擅自变更或解除，这是合同法的重要原则。只是在主、客观情况发生变化，使合同履行成为不必要或不可能的情况下，才允许解除合同，这不仅是合同解除制度的存在依据，也表明合同解除必须具备一定的条件，否则便构成违约。

（3）合同解除必须通过解除行为实现

具备合同解除的条件，合同并不必然解除。要使合同解除，一般还需要解除行为。解除行为有两种类型，一是双方当事人协商同意，二是享有解除权一方的单方意思表示。

（4）合同解除的效果是使合同关系消灭

合同解除的效果是使合同归于消灭。

2. 合同解除的分类

（1）单方解除与协议解除

单方解除是指依法享有解除权的一方当事人依单方意思表示解除合同关系。当事人一方主张解除合同时，应当通知对方，合同自通知到达对方时解除。对方有异议的，可以请求人民法院或仲裁机构确认解除合同的效力。

协议解除是指双方当事人通过协商同意合同解除的行为，使双方基于原合同发生的债权债务归于消灭。

（2）法定解除与约定解除

法定解除是指在合同成立后，没有履行或没有完全履行之前，当事人一方或双方在法律规定的解除条件出现时，行使解除权而使合同关系消灭。

《合同法》第九十四条规定，有下列情形之一的，当事人可以解除合同：

1）因不可抗力致使不能实现合同目的允许当事人通过行使解除权的方式消灭合同关系。不可抗力是指不能预见、不能避免并不能克服的客观情况，主要包括自然灾害、战争、社会异常事件、政府行为等。

2）因预期违约解除合同。在履行期限届满之前，当事人一方明确表示或者以自己的行为表明不履行主要债务，对方当事人可以解除合同。此种情形必须具备三个条件，一是要求债务人有过错，二是无合法理由，三是有履行能力。

3）当事人一方迟延履行债务，经催告后在合理期限内仍未履行，或者履行质量与约定严重不符、部分履行合同的。

对某些合同而言，履行期限至关重要，如为中秋节销售而采购月饼的合同，如债务人不按期履行，合同目的即不能实现，对于此情形，债权人有权解除合同。若履行期限在合同的内容中非属特别重要时，即使债务人在履行期届满后履行，也不致使合同目的落空，在此情况下，原则上不允许当事人立即解除合同，而应由债权人向债务人发出履行催告，给予一定的履行宽限期。债务人在该履行宽限期届满时仍未履行的，债权人有权解除合同。

约定解除是指当事人在合同中约定，合同履行过程中出现某种情况，当事人一方或双方有解除合同的权利。解除权可以赋予当事人一方，也可以赋予当事人双方。解除权可以在订立合同时约定，也可以在合同成立后另行设定解除权的合同。

协商解除是指合同生效后、未履行或未完全履行前，当事人以解除合同为目的，经协商一致，订立一项解除原合同的协议，使原合同的效力消灭的行为。协议未达成之前，原合同仍然有效。如果协商解除违反了法律规定的合同有效成立的条件，如损害了国家利益或社会公共利益，则解除合同的协议就不能发生法律效力，原合同仍要履行。如依法必须获得有关部门批准才能解除的合同，当事人不得擅自协商解除。

《合同法》第九十五条规定，法律规定或当事人约定解除权行使期限，期限届满当事人不行使的，该权利消灭。法律没有规定或当事人未约定解除权行使期限，经对方催告后在合理期限内不行使的，该权利消灭。

3. 合同解除的效力

《合同法》第九十七条规定，合同解除后尚未履行的，终止履行，已经履行的，根据履行情况和合同性质，当事人可以要求恢复原状或者采取其他补救措施，并有权要求赔偿损失。合同的权利义务终止，不影响合同中结算和清理条款的效力。

典型案例分析

2016年11月20日，王某与新饰公司签订了房屋装潢合同，工程预算为12万元，双方约定由新饰公司负责设计、施工、监理等全程工作，所用材料在合同中均已注明。合同签订后，王某预付了装潢费用6万元，工期自2016年11月22日至2017年3月10日，新饰公司于2016年11月26日组织人员进驻场地开始施工，2017年2月5日，王某发现新饰公司采购的卧室木地板与合同约定的品牌虽然一致，但规格不同，王某表示不同意，但新饰公司认为品牌相同，只是规格大小不一致，不影响装潢质量，双方未达成一致意见，王某要求新饰公司停止施工并起诉到法院，要求解除合同、恢复原状及双倍赔偿预付工程款共计12万元。新饰公司同意解除合同，但不同意王某的其他诉讼请求。

思考：你认为法院该如何判决该案件？

分析：在本案例中，王某、新饰公司双方签订的房屋装潢合同是有效的合同，具有法律约束力，双方当事人应本着全面和诚实信用的原则去履行。全面履行原则是指当事人按照合同约定的主体、标的、数量、质量、价款或报酬等，在适当的期限、地点，以适当的方式，全面完成合同义务的履行原则。在本案例中，新饰公司使用的木地板虽然与合同约定的品牌一致，但规格不一样，因此违反了全面履行原则。由于新饰公司过错造成该合同不能完全履行，由有过错的当事人，即新饰公司依法承担相应的违约责任。本案例中，王某提出解除合同，新饰公司对这一诉讼请求予以认可，双方意思表示一致，符合协议解除的规定。法院应判定解除合同。

在本案例中，王某还要求将房屋恢复原状，这一诉讼请求没有法律依据，法院不应予以支持。恢复原状适用于非法损坏他人财物的情形，例如，在未经本人同意，改变了房屋的构造或损坏了房屋的承载力，此时有权要求恢复原状。同时，恢复原状要有可能性和必要性。本案例中新饰公司对王某的房屋进行装修是合法行为，未给王某造成损坏财物的情形，原已装潢的部分符合合同履行的规则，因此不适用恢复原状这一民事责任。若将屋内装修拆除，必将造成人力、物力的极大浪费，这也不符合恢复原状的必要性条件。

王某的另一个诉讼请求，即要求被告双倍返还已付的工程款12万元，法院也不应予以支持。原告支付的6万元属于预付款，预付款不同于定金，预付款是付款方事先支付给对方的货款，它不适用于定金罚则，即本案例中王某无权要求新饰公司双倍返还预付款。新饰公司已完工的工程款王某应予以支付，购入不符合约定的木地板价款应由新饰公司承担。

四、合同的终止

1. 合同终止的概念

合同终止是指合同双方当事人在合同关系建立以后，因一定的法律事实的出现，使合同确立的权利义务关系消灭。合同的终止必须符合法律规定。合同终止协议书范本如下：

合同终止协议书范本

甲方________与乙方________原于____年____月____日签订的合字第____号________合同，现因________使____方无法继续履行，经双方协商同意，该合同于____年____月____日予以终止，不再履行，且因合同所产生的一切责任和后果互不追究。

本协议由双方签字盖章后生效。协议书一式两份，由双方各执一份，具有同等的法律效力。

甲　方：（盖章）　　　　　　乙　方：（盖章）

代表人：　　　　　　代表人：

年　月　日　　　　　　年　月　日

2. 合同终止的情形

（1）债务已经按照约定履行

合同已按照约定履行清偿是合同的权利义务终止的最主要和最常见的原因。清偿一般由债务人为之，也可能由债务人的代理人或者第三人进行合同的清偿。清偿的标的物一般是合同规定的标的物，但是经债权人同意，也可用合同规定的标的物以外的物品来清偿其债务。

(2) 合同解除

合同的解除意味着合同关系的终止，是合同债务终止的事由之一。

(3) 债务相互抵消

债务相互抵消是指双方当事人互负给付种类相同的债务，双方各以其债权抵消其债务，而使互负债务在对等数额内相互消灭的法律制度。任何一方可以将自己的债务与对方的债务抵消，但依照法律规定或者按照合同性质不得抵消的除外。当事人主张抵消的，应当以口头或者书面通知对方，通知自到达对方时生效。对方为无行为能力人或者限制行为能力人的，通知到达其法定代理人时发生效力。债务抵消应当具备以下条件：

1）债务抵消双方当事人互负债务、互享债权。只有债务而无债权或者只有债权而无债务，均不发生抵消。双方当事人互负债务、互享债权，可以因两个法律关系而发生，也可以基于多个法律关系而累计产生。例如，甲欠乙建设工程款 50 万元，乙第一次向甲购货欠款 30 万元，第二次购货欠款 20 万元，甲、乙双方可以将各共欠的 50 万元款项相互抵消。

2）债务抵消双方债务均已到期。抵消具有相互清偿的作用，因此只有履行期限届至时，才可以主张抵消，否则，等于强制债务人提前履行债务，牺牲其期限利益。

3）债务抵消债务的标的物种类、品质相同。债务种类品质不相同，原则上不允许抵消。种类相同是指合同标的物本身的性质和特点一致，比如都是支付金钱或者交付同样的种类物。品质相同是指标的物的质量、规格、等级无差别。债务抵消应当是物的抵消，而非行为的抵消，因为行为具有特定的人身性质，不具有可比性，很难使双方债权在对等额内消灭。

根据有关法律规定，下列债务不得抵消：

1）依照法律规定不得抵消的。例如，被法院查封、扣押、冻结的财产，当事人已无处分权，不能用来抵消债务。

2）按照合同的性质不得抵消的。具有特定人身性质或者依赖特定技能完成的债务不得抵消，如抚恤金、退休金、抚养费等与人身不可分离的债务，以及讲座、演出、绘画等，虽然种类、时间、报酬都可能相同，但不能相互抵消。

(4) 债务人依法将标的物提存

提存是指由于债权人的原因，债务人无法向其交付合同标的物，而将该标的物交给提存机关，由提存机关（由国家设立并保管提存物的机关，目前我国的提存机关为公证处）按法定程序交付给债权人，从而消灭债务、终止合同的制度。自提存之日起，视为债务人履行了给付义务，提存物及风险责任转归债权人。债务人可以将标的物提存的情形如下：

1）债权人没有正当理由拒绝受领的。

2）债权人下落不明的。

3）债权人死亡未确定继承人或者丧失民事行为能力人未确定监护人的。

4）数人就同一债权主张权利，债权人一时无法确定，致使债务人一时难以履行债务的。

5）法律规定的其他情形。

标的物提存后，除债权人下落不明的，债务人应当及时通知债权人或债权人的继承人、监护人。标的物不适于提存或提存费用过高的，债务人依法可以拍卖或者变卖标的物，提存其所得的价款。

提存期间标的物的孳息归债权人所有，提存费用由债权人负担。标的物提存后，毁灭的风险由债权人承担。债权人可以随时领取提存物，但债权人对债务人负有到期债务的，在债权人未履行债务或者提供担保之前，提存部门根据债务人的要求应当拒绝其领取提存物。

债权人领取提存物的权利，自提存之日起5年内不行使而消灭，提存物扣除提存费用后归国家所有。

典型案例分析

甲水果批发公司与厦门乙公司签订芒果订购合同，并汇去货款10万元。乙公司收到货款后立即组织货源，并将芒果发往甲公司所在地。芒果到达甲公司所在地后，由于芒果价格下跌，已无利润可赚，甲公司拒绝接收该批芒果。乙公司与甲公司多次交涉后均无结果。为了防止芒果腐烂变质，乙公司只好低价将该批芒果出售，将所得货款8万元提交当地公证机关提存，并通知甲公司到公证处领取货款。甲公司认为自己并未接收该批芒果，乙公司应将货款全部退回，乙公司交给公证处的价款低于其支付给乙公司的货款，所以不能接受。

思考：乙公司将芒果低价变卖并提存当地公证处的行为是否符合法律规定？该行为的法律后果是什么？

分析：本案例中涉及的标的物为芒果，属于时令水果，有一定的保质期间，符合标的物不适于提存的规定，因此，乙公司将芒果低价出售并提存货款的行为是合法的。乙公司有权通过提存行为消灭债务，使合同权利义务终止。

(5) 债权人免除债务

债权人免除债务是指债权人免除债务人部分或者全部债务的，合同的权利与义务部分或者全部终止。债务免除分为单方免除和协议免除两种。债务免除可以采用口头、书面、明示、默示等形式。债权人作出免除的意思表示，即不得撤回。免除债务是债权人的权利，但债务的免除不得损害第三人的权利。

免除是处分债权的行为，作出免除意思表示的债权人必须具有完全民事行为能力，无民事行为能力或者限制民事行为能力人的免除行为，除非由法定代理人代理或经法定代理人同意，否则不产生法律效力。

(6) 债权债务同归于一人

债权和债务同归于一人是指由于某种事实的发生，使一项合同中原本由一方当事人享有的债权而由另一方当事人负担的债务，统归于一方当事人，使得该当事人既是合同的债权人，又是合同的债务人。比如，甲公司与乙公司签订了买卖合同，在乙公司尚未支付货款时，甲、乙两公司合并成为一个新的公司，甲公司的债权和乙公司的债务成了新公司的债权和债务，新公司没有必要自己对自己主张债权，或者自己清偿自己的债务，原甲公司和乙公司之间的合同自然终止。

3. 合同终止的后果

(1) 合同终止后便失去了法律上的效力，合同权利义务消灭，未履行的合同义务不再履行。除法律另有规定外，原债权人不得主张合同债权，债务人也不再负合同义务，债权、债务关系归于消灭。同时，合同关系的终止使合同的担保及其他从义务关系也归于消灭，如抵押权、违约金债权、利息债权等和主债权一样也归于消灭。

(2) 合同终止后还应清理一切有关合同关系的手续，债权人应将负债字据返还债务人。债权人如能证明字据灭失，不能返还，应向债务人出具债务消灭的证据。

(3) 合同权利义务终止后，应当遵循诚实信用的原则，根据交易习惯，履行通知、协助、保密等义务。通知是指当事人在有条件的情况下应当将合同终止的有关事宜告诉合同对方当事人。协助是指当事人一方配合另一方做好善后工作。保密是指当事人在合同终止后对于了解到的对方当事人的秘密不向外泄露。

(4) 合同终止后，当事人的特定权利和合同的特定条款仍然有效，具体如下：

1) 合同中的结算和清理条款仍然有效。

2) 当事人请求损害赔偿的权利不因合同终止而消灭。

典型案例分析

2017 年 5 月 10 日，李某与某房地产公司签订商品房买卖合同，李某购买该房地产公司开发的房屋一套，建筑面积 100 平方米，购房总价款 86 万元。李某当即向房地产公司一次性支付了全部房价款，房地产公司出具发票，内容为："兹收到李某人民币捌拾陆万元整，购买花园小区 8 号楼 306 号房屋一套，建筑面积 100 平方米。"后在合同履行过程中，双方发生争议，经双方协商一致，解除了上述商品房买卖合同，房地产公司同意返还李某 86 万元房价款及利息。2017 年 10 月 10 日，李某与王某某签订了一份债权转让协议书，协议约定李某将其对房地产公司的 86 万元债权及利息转让给王某某。债权转让协议书签订当日，李某即向房地产公司送达了债权转让通知书，通知房地产公司应向王某某履行义务，但房地产公司一直未履行义务。2017 年 11 月，王某某起诉至人民法院，请求判令房地产公司立即向王某某返还购房预付款 86 万元及利息，诉讼费由房地产公司承担。

思考： 1. 李某与房地产公司签订的协议解除合同是否有效？

2. 李某与王某某签订的债权转让协议是否有效？

3. 王某某起诉房地产公司，法院会作何判决？

分析： 1. 李某与房地产公司签订的协议解除合同有效。根据《合同法》规定，协议解除是指当事人双方通过协商，同意合同解除的行为。使双方基于原合同发生的债权、债务归于消灭。协议解除合同只要双方协商一致，解除合同的行为即为有效。本案例中经双方协商一致，解除了商品房买卖合同，因此是有效的。

2. 李某与王某某签订的债权转让协议有效。根据《合同法》规定，债权转让只需要通知对方当事人。在本案例中，李某与王某某签订了一份债权转让协议书，签订当日李某即向房地产公司送达了债权转让通知书，通知房地产公司应向王某某履行义务，履行了告知义务，因此是有效的。

3. 李某将债权转让给王某某，则王某某即成为债权人。房地产公司收取了李某的购房款 86 万元，后双方解除了合同，房地产公司同意返还购房款，李某又将上述债权转让给王某某，并通知了债务人房地产公司，现房地产公司未退还所收取的款项，故王某某要求房地产公司退还 86 万元并支付利息的诉讼请求符合法律规定，法院应予以支持。

思考与练习

1. 合同变更的条件是什么？
2. 合同转让的情形有哪些？
3. 合同解除有哪些特征？
4. 合同终止的情形有哪些？

第六节 合同责任

知识目标

➢ 了解合同责任的形式

➢ 掌握缔约过失责任与违约责任的异同

➢ 掌握违约责任的免除

能力目标

➢ 能够正确区分缔约过失责任与违约责任

一、缔约过失责任与违约责任的概念

1. 缔约过失责任

缔约过失责任是指当事人在合同订立过程中，一方因违背诚实信用原则给对方当事人造成损失时所应承担的损害赔偿责任，是一种弥补性的民事责任。

依照我国《合同法》规定，缔约过失行为主要有以下四种情形：

（1）假借订立合同，恶意进行磋商

假借是指根本没有与对方订立合同的意思，与对方进行谈判只是个借口，目的是损害订约对方当事人的利益。恶意是指假借磋商、谈判，故意给对方造成损害的主观心理状态。恶意必须包括两个方面内容：一是行为人主观上并没有谈判意图；二是行为人主观上具有给对方造成损害的目的和动机。恶意是此种缔约过失行为构成的最核心的要件。

（2）故意隐瞒与订立合同有关的重要事实或者提供虚假情况

故意隐瞒与订立合同有关的重要事实或者提供虚假情况，属于缔约过程中的欺诈行为。

典型案例分析

王某在某网站看到李某欲出租房屋，该房屋距离王某女儿就读学校很近，为方便女儿上学，王某与李某商谈租房事宜，双方约定每年租金2万元，租期3年。李某以有多人想租为由要求王某支付预付款1万元，其余租金于交付房屋时一次性支付，并写下收据，双方约定房屋出租合同于交付房屋时签订。后王某多次催促李某交付房屋，李某借故不予交付。后经查明房屋并非李某所有，而是暂借朋友住处，李某因与他人赌博欠赌债1万元，蒙生假借出租房屋，利用租金偿还赌债的意图。王某因李某拖延交房而错过了租房的最佳时间，使得王某在同等条件下多付房租5 000元。

思考：1. 李某的行为属于什么性质的行为？应承担什么责任？

2. 王某可否要求退回预付款1万元，并要求李某赔偿损失5 000元？

分析：1. 李某的行为属于故意隐瞒与订立合同有关的重要事实，构成欺诈。本案例中李某故意隐瞒房屋非自己所有、无权出租的事实，致使王某租房目的未能实现，李某应承担缔约过失责任。

2. 王某可以要求退回预付款1万元及其产生的利息，但无权要求赔偿损失5 000元。因为根据相关法律规定，缔约过失责任的赔偿以受损害的当事人的损失为限，此处的损失为预付款和间接产生的利息，不包括其他间接损失，即多支付的租金5 000元不属于赔偿范围。

（3）泄露或不正当地使用商业秘密

泄露是指将商业秘密透露给他人。不正当使用是指未经授权而使用该秘密或将该秘密转让给他人。无论行为人是否因此而获取一定的利益，都有可能构成缔约过失责任。

（4）有其他违背诚实信用原则的行为

在缔约过程中常表现为一方当事人未尽到通知、协助、告知、照顾等义务，而造成对方当事人人身或财产损失的情形。

2. 违约责任

违约责任是指合同当事人不履行合同义务或履行合同义务不符合合同约定时所应承担的民事责任。当事人就迟延履行约定违约金的，约定的违约金低于造成损失的，当事人可以请求人民法院或者仲裁机构予以增加；约定的违约金过分高于造成损失的，当事人可以请求人民法院或者仲裁机构予以适当减少。违约方支付违约金后，还应当履行债务。

二、缔约过失责任与违约责任的异同

1. 发生的时间不同

缔约过失责任发生在当事人订立合同过程中、合同成立之前，也就是发生在从双方当事人磋商、洽谈到签订合同的过程中。而违约责任发生在合同成立之后，从时间上来看缔约过失责任在先，违约责任在后。

2. 产生的原因不同

缔约过失责任产生的原因是违背诚实信用原则给对方造成损失。在通常情况下，当事人在自愿、协商、谈判的基础上达成一致即可订立合同，若协商不成，不能订立合同的双方也无须承担责任。但当事人一方故意违背诚实信用原则，致使合同没有订立，而给对方造成损失的，应当承担损害赔偿责任，这种责任就是缔约过失责任。

违约责任是因为当事人一方或双方不履行合同义务或者履行合同义务不符合约定的，依照法律规定或者合同约定所承担的法律责任。

合同签订之后一般情况下双方当事人本着互利目的，共同协作履行义务，若因不可抗力致使合同不能完成的，一般不承担违约责任，但因主观原因致使合同终止或归于消灭的，不履行义务一方当事人应承担违约责任。

3. 承担的责任范围不同

缔约过失责任的责任范围以受损害当事人的损失为限，包括直接利益的减少和间接利益的损害。

违约责任支付的违约金是惩罚性质的经济补偿手段，因此不管违约是否造成损失都应当支付。违约金的支付金额或比例一般事先在合同中定明，若造成的损失过大，当事人可以请求人民法院或仲裁机构予以增加违约；若造成的损失较小，当事人也可以申请予以减少，本着维护公平和诚实信用原则，当事人约定的违约金申请增加的，增加后的违约金以不超过实际损失为限，增加违约金后又请求赔偿损失的，法院不予支持。

4. 承担责任的方式不同

缔约过失责任的承担方式主要为金钱赔偿。

违约责任的承担方式包括继续履行、采取补救措施、赔偿损失、支付违约金、定金处罚等，其中赔偿损失的主要方式为恢复原状、金钱赔偿和代物赔偿。

5. 承担责任的目的不同

缔约过失责任的承担目的是促成合同订立成功，而违约责任的承担目的则是继续履行合同义务。

三、违约责任的免除

一般来说，在合同订立之后，如果一方当事人没有履行或者履行不符合约定，应当承担违约责任。但当当事人一方违约是由于免责事由的出现造成的，可以根据情况免除其违约责任。免责事由是指当事人即使违约也不承担责任的事由。《合同法》中的免责事由可分为两大类，即法定免责事由和约定免责事由。

1. 法定免责事由

法定免责事由是指由法律直接规定、不需要当事人约定即可援用的免责事由，主要指不可抗力。不可抗力的要件为：

（1）不能预见

即当事人无法知道事件是否发生、何时何地发生、发生的情况如何，一般人无法预见，如社会异常事件等。

（2）不能避免

即无论当事人采取什么措施，或即使尽了最大努力都不能防止或避免事件的发生，如罢工、骚乱等。

（3）不能克服

即以当事人自身的能力和条件无法战胜这种客观力量，如自然灾害等。

（4）客观情况

如政府行为的征收、征用等。

不可抗力作为免责条款具有强制性，当事人不得约定将不可抗力排除在免责事由之外。因不可抗力不能履行合同的，根据不可抗力的影响部分或全部免除责任，但法律另有规定的除外，如金钱债务的迟延责任不得因不可抗力而免除。当事人因迟延履行后发生的不可抗力不具有免责效力。当事人一方因不可抗力不能履行合同的，应当及时采取一切必要措施，尽量避免或尽可能减小损失，并及时通知对方不能履行和不能完全履行合同的情况和理由，在合理期限内提供有关机关的证明，证明不可抗力及影响当事人履行合同的具体情况。

2. 约定免责事由

约定免责事由即免责条款，是指当事人在合同中约定免除将来可能发生的违约责任的条款，其所规定的免责事由即约定免责事由。对此，《合同法》中未作一般性规定。需要注意的是，免责条款不能排除当事人的基本义务，也不能排除故意或重大过失的责任。

典型案例分析

某歌星甲与华星剧场签订一份演出合同，约定甲于国庆节前夜在华星剧场参与演出活动，出场费20万元，同时约定违约金为标的额的20%或者因违约造成的赔偿损失。但届时甲无故擅自取消了该场演出，活动结束后，该剧场要求甲支付违约金4万元。

思考：剧场的要求是否合理？为什么？

分析：该案例中双方已订立了演出合同，甲没有出席演出属于未履行合同义务，属于违约，应承担违约责任。因此，剧场要求甲支付违约金4万元的行为是合法行为，应得到法律的保护。若案例中因甲未到场出席演出致使部分观众要求退票，给剧场造成5万元的损失，那么，剧场可以要求人民法院增加违约金的金额，但增加后违约金不得超过5万元。

思考与练习

1. 什么是违约责任？违约责任的承担方式有哪些？
2. 免责的事由有哪些？

第七节 常见合同

知识目标

➢ 掌握常见合同的法律规定

能力目标

➢ 能够拟订买卖合同、赠与合同、租赁合同、借款合同等常见合同

➢ 能够正确行使当事人的合法权利，解决常见合同纠纷

一、买卖合同

1. 买卖合同的概念

买卖合同是一方转移标的物的所有权给另一方，另一方支付价款的合同。转移所有权的一方为出卖人或卖方，支付价款而取得所有权的一方为买受人或者买方。买卖是商品交换最普遍的形式。

2. 买卖合同的特征

（1）买卖合同是有偿合同

买卖合同是有偿合同，是买卖合同的基本特征，也是买卖合同与赠与合同的区别。买卖合同的实质是以等价有偿方式转让标的物的所有权，即出卖人移转标的物的所有权给买方，买方向出卖人支付价款。

（2）买卖合同是双务合同

在买卖合同中，买方和卖方都享有一定的权利、承担一定的义务，而且其权利和义务存在对应关系，即买方的权利就是卖方的义务，买方的义务就是卖方的权利。

（3）买卖合同是诺成合同

买卖合同自双方当事人意思表示一致就可以成立，不以一方交付标的物为合同的成立要件，当事人交付标的物属于履行合同。

（4）买卖合同是不要式合同

通常情况下，买卖合同的成立、有效，并不需要具备一定的形式，但法律另有规定者除外。

（5）买卖合同是双方民事法律行为

买卖合同是民事法律行为的一种，因此，民事法律行为的有效要件，民事法律行为的无效和撤销等，均可适用于买卖合同。

3. 买卖合同的内容

（1）当事人的名称或者姓名和住所，如果是法人则是法人的名称。必要时还可查看当事人的身份证或营业执照。

（2）买卖标的物的名称、数量、质量及包装方式。标的是指合同当事人之间存在的权利与义务关系。标的物是指双方当事人权利与义务指向的对象。买卖合同中的特定名词标的物，是指买卖合同中所指的物体或商品，如在房屋租赁合同中，标的是房屋租赁关系，而标的物是所租赁的房屋。标的和标的物并不是永远共存的，一项合同必须有标的，而不一定有标的物，如在提供劳务的合同中，标的是当事人之间的劳务关系，而没有标的物。

（3）标的物的价格、金额、货币及价格术语。应注意货币单位。

（4）价款的支付时间、地点和方式。

（5）标的物交付的时间、地点和方式。

（6）标的物的保险及运输方式。

（7）检验标准和方法。

（8）结算方式。

（9）解决争议的方式、管辖机构及适用法律。如果解决争议的方式为约定仲裁，最好在合同中约定仲裁条款。

（10）合同的份数、使用文字及效力。

（11）一般约定违约金比例或损失赔偿办法。

（12）订立合同的时间、地点、当事人签字等。

4. 买卖合同范例

莫代尔弹力棉针织布料买卖合同

购货单位：＿＿＿＿＿＿＿＿＿＿＿＿ （以下简称甲方）

供货单位：＿＿＿＿＿＿＿＿＿＿＿＿ （以下简称乙方）

甲方与乙方本着诚信、协作、互助的原则，经双方共同协商，达成如下协议：

第一条 合同产品名称、规格、质量（技术指标）、单价、总价等，具体见表3—6。

表3—6 产品材料具体要求

材料名称	花色	规格及型号	质量标准或技术指标	计量单位（米）	单价（元）	合计（元）	备注
莫代尔弹力棉针织布	大红色	幅宽1.55米	GB/T	30	30	900	
莫代尔弹力棉针织布	卡其色	幅宽1.55米	GB/T	50	30	1 500	
莫代尔弹力棉针织布	黑色	幅宽1.55米	GB/T	80	30	2 400	
莫代尔弹力棉针织布	灰色	幅宽1.55米	GB/T	50	30	1 500	
莫代尔弹力棉针织布	玫红色	幅宽1.55米	GB/T	30	30	900	
合计						7 200	

第二条　产品包装规格及费用＿＿＿＿＿＿＿。

第三条　验收方法＿＿＿＿＿。

第四条　货款及费用等付款及结算办法＿＿＿＿＿＿＿＿＿。

第五条 交货规定

1. 交货方式：________。

2. 交货地点：____________________。

3. 交货日期：____________________。

4. 运输费：______________________。

第六条 双方权利与义务

1. 乙方的权利与义务

(1) 产品花色、品种、规格、质量不符合本合同规定时，甲方同意能利用的，按质论价；不能利用的，乙方应负责保修、保退、保换。由于上述原因导致延误交货时间，每逾期1日，乙方应按逾期交货部分货款总值的____%计算，向甲方偿付逾期交货的违约金。

(2) 乙方未按本合同规定的产品数量交货时，少交的部分，甲方如果需要，应照数补交，甲方如不需要，可以退货。由于退货所造成的损失，由乙方承担。如甲方需要而乙方不能交货，则乙方应付给甲方不能交货部分货款总值的____%的罚金。

(3) 乙方未按照约定向甲方交付提取标的物单证以外的有关单证和资料，应当承担相关的赔偿责任。

2. 甲方的权利与责任

(1) 甲方如中途变更产品花色、品种、规格、质量或包装的规格，应偿付变更部分货款（或包装价值）总值____%的罚金。

(2) 甲方如中途退货，应事先与乙方协商，乙方同意退货的，应由甲方偿付乙方退货部分货款总值______%的罚金。乙方不同意退货的，甲方仍需按合同规定收货。

(3) 甲方如未按规定日期向乙方付款，每延期1天，应按延期付款总额____%计算付给乙方，作为延期罚金。

(4) 乙方送货或代运的产品，如甲方拒绝接货，甲方应承担因此造成的损失和运输费用及罚金。

第七条 合作时间

本合同自双方签章之日起生效，到乙方将全部订货送齐，经甲方验收无误，并按本合同规定将货款结算以后作废。

第八条 其他事项

1. 本合同所订一切条款，甲、乙任何一方不得擅自变更或修改。如一方单独变更、修改本合同，对方有权拒绝生产或收货，并要求单独变更、修改合同一方赔偿一切损失。

2. 本合同在执行中如发生争议或纠纷，甲、乙双方应协商解决，解决不了时，双方可向人民法院提起诉讼。

3. 本合同在执行期间，如有未尽事宜，由甲、乙双方协商，另订附则，附于本合同之内，所有附则在法律上均与本合同有同等效力。

第九条 本合同一式肆份，由甲、乙双方各执正本一份、副本一份。

订立合同人：

甲方：(盖章)	乙方：(盖章)
代理人：(签名)	代理人：(签名)
负责人：(签名)	负责人：(签名)
公司地址：________	公司地址：________
电　　话：________	电　　话：________
开户银行、账号________	开户银行、账号________
年　月　日	年　月　日

二、赠与合同

1. 赠与合同的概念

赠与合同是指赠与人把自己的财产无偿地送给受赠人，受赠人同意接受的合同。赠与人必须有完全行为能力，对赠与物有处分权。

2. 赠与合同的特点

(1) 双方行为

赠与合同是双方行为，但不是双务合同。赠与合同需当事人双方意思表示一致才能成立，如果赠与人有赠与的表示，但受赠人并没有接受的意思，则合同仍不能成立。

(2) 诺成行为

赠与合同在双方当事人意思表示一致时即告成立，不必等待交付赠与物，即为诺成行为。

(3) 无偿行为

除合同中双方约定附条件的义务外，原则上受赠人并不因赠与合同而承担义务，只有赠与人一方负有义务，属于无偿行为，故为单务合同。

3. 赠与合同的撤销

赠与人在赠与的财产转移之前可以撤销赠与，但具有救灾、扶贫等社会公益、道德义务性质的赠与合同或者经过公证的赠与合同不得撤销。赠与人的撤销权自知道或应当知道撤销原因之日起 1 年内行使。赠与人的继承人或者法定代理人的撤销权，自知道或应当知道撤销原因之日起 6 个月内行使。赠与附义务的，受赠人应当按照约定履行义务。

赠与人的经济状况显著恶化，严重影响其生产经营或者家庭生活的，可以不再履行赠与义务。

4. 赠与合同范例

赠与合同

甲方（赠与人）：________________住址：________________

乙方（受赠人）：________________住址：________________

甲、乙双方就赠送________________事宜达成协议如下：

一、甲方将其所有的________________赠送给乙方，其所有权证明为：（写明证明甲方拥有所有权的证据名称，如赠与房屋就应有房产所有权证）。

二、赠与物的交割

1. 交割的时间：

2. 交割的地点：

3. 办理的手续：

4. 需要过户、登记的还需要特别说明的事项：

三、乙方应在________期限内办理所有权转移的手续，逾期不办的视为拒绝赠与（也可以约定其他条件）。

四、本合同自________________日起生效（也可以写自公证之日起生效）。

五、本合同一式两份，双方各执一份。

甲方（签字或盖章）　　　　　　乙方（签字或盖章）

年　月　日　　　　　　年　月　日

三、租赁合同

1. 租赁合同的概念及适用范围

（1）租赁合同的概念

租赁合同是指出租人将租赁物交付给承租人使用、收益，承租人支付租金的合同。在当事人中，提供物的使用或收益权的一方为出租人，对租赁物有使用或收益权的一方为承租人。

（2）租赁合同的适用范围

凡是当事人需要取得对方标的物的临时使用、收益而无须取得所有权，并且该物不是消耗物时，都可以适用租赁合同。

2. 租赁合同的特征

（1）租赁合同是转移租赁物使用权的合同

在租赁合同中，承租人的目的是取得租赁物的使用权，出租人也只转让租赁物的使用权，而不转让其所有权。租赁合同终止时，承租人须返还租赁物，这是租赁合同区别于买卖合同的根本特征。

（2）租赁合同是双务合同、有偿合同

在租赁合同中，交付租金和转移租赁物的使用权之间存在着对价关系，交付租金是获取租赁物使用权的对价，而获取租金是出租人出租财产的目的。

（3）租赁合同是诺成合同

租赁合同的成立不以租赁物的交付为要件，当事人只要依法达成协议，合同即告成立。

3. 租赁合同的分类

（1）根据租赁物的不同，分为动产租赁和不动产租赁

不动产租赁包括房屋租赁和土地使用权租赁等。

（2）根据法律对租赁是否有特殊的规定，分为一般租赁和特殊租赁

特殊租赁是相对于一般租赁而言的，是指法律有特别要求的租赁。例如，《房地产管理法》对房地产的租赁、《海商法》对船舶的租赁以及《航空法》对航空器的租赁等都有特殊的规定。

（3）根据租赁合同是否确定期限，分为定期租赁和不定期租赁

当事人可以在租赁合同中约定租赁期限，没有约定租赁期限的则为不定期租赁。对于不定期租赁，任何一方当事人都有权依自己的意愿随时解除合同，但在解除合同之前，应预先通知对方。无论是否约定租赁期限，租赁期限都受 20 年法定期限的限制，超过 20 年的，超过部分无效。租赁期限届满，当事人可以续订合同，但约定的租赁期限自续订之日起不得超过 20 年。

4. 租赁合同的内容

租赁合同的内容包括租赁物的名称、数量、用途和租赁期限。租赁物在租赁期间发生所有权变动的，不影响租赁合同的效力。出租人出卖租赁房屋的，应当在出卖之前的合理期限内通知承租人，承租人享有以同等条件优先购买的权利。

典型案例分析

2015 年 10 月，刘某与王某签订房屋租赁协议，约定由刘某租赁王某所有的门面房经商，租赁期限 3 年。合同签订后，刘某履行合同，交清了 3 年租金。2017 年 1 月，王某之兄到刘某店内，以王某已将该门面房转让给他为由，要求刘某从该门面房搬出，刘某则以租赁期限未到为由拒绝搬出，双方为此发生争吵，王某之兄将自己所有的一辆货车停靠在店门口，致使该店无法正常经营，给刘某造成经济损失，刘某则向法院起诉要求继续履行原租赁合同，并要求王某赔偿损失。

思考：1. 刘某与王某签订的房屋租赁协议是否有效？

2. 该房屋在租赁期间发生所有权变动，是否影响刘某与王某之间的租赁合同效力？

3. 刘某要求王某赔偿经济损失的请求能否得到法院的支持？赔偿额如何确定？

分析：1. 刘某与王某在平等自愿的基础上签订的房屋租赁协议未违反国家的有关法律规定，合法有效。

2. 房屋在租赁期间发生所有权变动，不影响刘某与王某之间的租赁合同效力。

3. 刘某要求王某赔偿经济损失的请求能得到法院的支持。王某之兄以其购得该门面房为由，采取不正当手段，妨碍刘某的正常经营，造成刘某的损失，实属侵权，应承担侵权责任，刘某要求与王某继续履行合同，排除妨碍，赔偿损失的诉讼请求合法有据，应予支持。赔偿额应以发生的实际经济损失为限。

(1) 租金及其支付期限和方式

承租人应当按照约定的期限支付租金。对支付期限没有约定或者约定不明确，租赁期间不满1年的，应当在租赁期间届满时支付。租赁期间1年以上的，应当在每届满1年时支付，剩余期间不满1年的，应当在租赁期限届满时支付。承租人无正当理由未支付或者迟延支付租金的，出租人可以要求承租人在合理期限内支付。承租人逾期不支付的，出租人可以解除合同。

(2) 租赁物维修等条款

承租人按照约定的方法或者租赁物的性质使用租赁物，致使租赁物受到损耗的，不承担损害赔偿责任。出租人应当履行租赁物的维修义务，但当事人另有约定的除外。

5. 租赁合同的形式

租赁期限为6个月以上的，合同应当采用书面形式。当事人未采用书面形式的合同，视为不定期租赁。

6. 租赁合同范例

房屋租赁合同

甲方：____________（出租方）；身份证号码：____________

乙方：____________（承租方）；身份证号码：____________

甲、乙双方就乙方租赁甲方房屋一事，经协商达成如下协议：

第一条　出租房屋的坐落位置、面积以及其他情况

1. 本合同所出租房屋坐落在______市______小区______幢______室。

2. 房屋的建筑面积______平方米、使用面积______平方米。

3. 所出租房屋的房屋产权编号：______。

第二条　房屋内部的装修情况及主要设备

房屋为简易装修（或精装修），室内电器设备有：______。

第三条　房屋租赁的期限

租赁期限为________（月/年）。从________年________月________日中午12时零分起至________年________月________日中午12时零分止。

租赁期限届满前________天，如乙方需要继续承租，需要向甲方提出，由甲方决定是否续签合同。

租赁期限内，如甲方出卖房屋，应提前________天通知乙方，乙方在接到通知后________天内决定是否行使优先购买权。如乙方逾期不予答复，视为其放弃该权利。

第四条 租金及其交纳方式

每月租金________元，大写________________。

租金按________交付。合同签订后乙方应向甲方支付________租金。

以后于________日前乙方向甲方支付一个租赁期的租金。

第五条 押金

押金________元，大写________。该押金用于保障房屋内的设备完好，如出现设备损坏的现象，甲方有权按照市场价格扣除相应的赔偿款。

如合同期满，乙方没有损害房屋内的设备，则甲方应该在合同期满日如数退还。

第六条 房屋修缮和装修

甲方应保证房屋符合合同约定的使用用途，保证正常的水电供应，如出现漏水、墙面自然脱落、水电无法正常供应等对乙方正常使用房屋具有影响的情形，甲方应在接到乙方通知的________天之内予以解决。否则乙方有权提前解除合同，并有权要求甲方支付违约金。

乙方在使用过程中，不得擅自改变房屋的结构和装修情况，否则视为违约，应向甲方支付违约金。

第七条 房屋出卖

租赁期间如甲方出卖房屋，乙方又不愿意购买，则甲方应保证乙方可以继续租赁，直至租赁期间届满。

第八条 违约责任

1. 租赁期间内，乙方不得有下列行为，否则甲方有权解除合同，收回房屋，并有权依据本协议要求乙方承担违约责任。

（1）擅自将房屋转租、转让、转借的；

（2）利用承租房屋进行非法活动，损害公共利益的；

（3）拖欠租金________月。

2. 乙方逾期交付租金，除仍应补交租金外，还应按拖欠天数支付违约金，每天违约金的标准为：拖欠租金的________%。

3. 乙方擅自转租、转让、转借的，应支付________月的租金作为违约金。

4. 一方如果具有合同约定的其他违约行为，违约方除应向守约方赔偿因其违约造成的损失外，还应该支付________元违约金。

第九条　优先承租权

租赁期限届满后，如甲方继续出租房屋，则乙方在同等条件下享有优先承租权。如租赁期限届满后，乙方确实无法找到房屋，甲方应给予1个月的宽限期，宽限期的房租与约定的房租一样。

第十条　免责条件

因不可抗力或政府行为导致合同无法履行时，双方互补承担责任。实际租金按入住天数计算，多退少补。

第十一条　争议解决的方式

合同在履行过程中如发生争议，应由双方先行友好协商；如协商不成时，可以向房屋所在地法院提起诉讼。

第十二条　合同自双方签字之日起生效。一式两份，双方各执一份。

第十三条　房屋产权证复印件，甲、乙双方身份证的复印件为本合同附件，附随合同之后。

出租方：　　　　　　　　　　　　　　承租方：

电　话：　　　　　　　　　　　　　　电　话：

地　址：　　　　　　　　　　　　　　地　址：

年　月　日　　　　　　　　　　　　　年　月　日

四、借款合同

1. 借款合同的概念

借款合同是指当事人约定借款人向贷款人借款，到期返还借款并支付利息的合同。借款合同又称借贷合同。

2. 借款合同当事人的权利与义务

(1) 借款人的权利与义务

1) 提供真实情况。订立借款合同，借款人应当按照贷款人的要求提供与借款有关的业务活动和财务状况的真实情况。

2) 按照约定用途使用借款。合同对借款有约定用途的，借款人需按照约定用途使用借款，接受贷款人对贷款使用情况实施的监督检查。借款人未按照约定的借款用途使用借款的，贷款人可以停止发放借款、提前收回借款或者解除合同。

3) 按期归还借款本金和利息。当借款为无偿时，借款人需按期归还借款本金；当借款为有偿时，借款人除需归还借款本金外，还必须按约定支付利息。

(2) 贷款人的权利与义务

1）贷款人不得利用优势地位预先在本金中扣除利息。利息预先在本金中扣除的，按实际借款数额返还借款并计算利息。贷款人不得将借款人的营业秘密泄露给第三方，否则应承担相应的法律责任。

2）有权请求返还本金和利息。

3）对借款使用情况的监督检查权。贷款人可以按照约定，监督检查贷款的使用情况。借款人未按照约定的借款用途使用借款的，贷款人可以停止发放借款、提前收回借款或者解除合同。

3. 自然人之间的借款合同

自然人之间的借款合同是指借款人和贷款人均为自然人的借款合同。自然人之间的借款合同是实践合同，仅有双方当事人的合意不能成立，必须要有实际的交付行为，即合同在贷款人提供借款时方可生效。

（1）自然人之间的借款合同是不要式合同，借款合同的形式可由当事人约定。

（2）自然人之间的借款未约定利息的，视为无偿借款。

（3）自然人之间有偿借款，其利率不得高于人民银行规定的相关利率。

4. 借款合同范例

汽车消费借款合同书范本

合同编号：________

本借款合同由以下当事人在自愿遵守《××××汽车消费贷款办法》的前提下，经协商一致签订。各方当事人承诺恪守信誉，严格履行。

第一条 合同当事人

借款人（全称）：____________ 企业法人营业执照号码（借款人身份证号码）：________

地 址：____________借款人住址：____

联系电话：____________

开立基本存款账户银行：__________账号：__________________________________

贷款人（全称）：____________________地址：______________________________

信贷业务电话：______________________会计业务电话：______________________

传真：____

第二条 借款币别

本合同项下借款为人民币，金额（大写）__________元，（小写）__________元。

第三条 借款期限

借款期限自__________年__________月__________日至__________年__________月__________日。分期用款亦实行同一到期日。

第四条　借款用途

用于________________________________。

第五条　用款

本合同项下借款有效提款期为本合同生效之日起________天，在有效提款期内，借款人一次提用。超过有效提款期，借款人未提用的借款被视为自动取消。本合同的借款金额以实际提款金额为准。提款是指从贷款账户划款到借款人账户。

第六条　借款利率

月利率为________%。如遇人民银行调整利率，则按调整后的利率执行。

第七条　利息和利息支付

借款利息从借款转入借款人账户之日起按实际使用天数计算，实行按季付息，借款人均须在每一付息日（每季末20日）如数支付该期借款利息。贷款人有权从其任何账户中直接扣收。

第八条　还款

借款人须按本合同约定的分期付款日，将全部借款偿清。分期付款采用递减偿还法，计算公式为：每期还款额=贷款本金/还款期数+(本金-已归还本金累计)×利率(月利率)。

分期付款以月为单位计算。

具体分期还款计划为：

(1) __________年__________月__________日。

(2) __________年__________月__________日等。

借款人可部分或全部提前归还借款本息，但须提前通知贷款人。自借款到期日起，贷款人有权从借款人任何账户按先利息后本金的顺序直接扣收。

第九条　合同的变更和解除

1. 本合同生效后，甲、乙双方任何一方不得擅自变更和解除本合同。

2. 借款人如将本合同项下的权利和义务转让给第三方，应事先经贷款人书面同意，其转让行为在受让单位和贷款人重新签订借款合同后生效。

3. 借款人和贷款人任何一方发生合并、分立、承包及股份制改造等转制变更时，由变更后当事人承担或分别承担履行本合同的义务和享有应有的权利。

第十条　借款担保

1. 对于本合同项下的借款本息及费用，借款人应选择下述一种或两种方式提供担保。

（1）第三方保证方式担保。

（2）抵押方式担保。

（3）质押方式担保。

2. 以第三方保证方式提供担保的，保证人应负连带责任。

3. 借款人以所购汽车向贷款人设定抵押的，借款人须办理汽车抵押登记及保险手续，并应当在保险合同中明确贷款人为该项保障的第一受益人。在抵押期间，借款人不得以任何理由中断或撤销保险，在保险期内，如发生保险责任范围以外的毁损，均由借款人负全部责任。如保险中断，贷款人有权代为保险，所需一切费用由借款人负担。

4. 借款人死亡或经有权部门宣布失踪，借款人财产的合法继承人应继续履行借款合同约定的还款义务。

第十一条　借款人和贷款人的主要权利和义务

1. 借款人有权要求贷款人按合同约定发放贷款。

2. 借款人应在合同约定的期限内归还全部贷款本息。

3. 借款人按合同约定用途使用贷款，未经贷款人书面同意，借款人不得将贷款挪作他用。

4. 借款人应按贷款人要求提供有关资料，并对资料的真实性负责。

5. 贷款人有权对贷款的使用情况进行检查。

6. 贷款人有权对借款人的资金及经营情况进行监督。

7. 贷款人应按合同规定期限及时发放贷款。

第十二条　违约及其违约处理

1. 借款人发生下列任一情况，均构成违约：

（1）借款人不按本合同规定按时偿还借款本息和违约金。

（2）保证人不履行保证责任。

（3）借款人的财产或质物被占用、征用、查封、冻结、没收、转移、破坏、毁损、弃置，丧失使用功能。

（4）借款人违反本合同的任何条款。

2. 违约发生后，贷款人有权对借款人采取下列一项或多项措施：

（1）限期纠正违约。

（2）停止借款人提款。

（3）宣布全部贷款提前到期，要求借款人立即全部清偿。

（4）处分质押财产，实现质权。

（5）从借款人和/或保证人任何账户扣收全部贷款，如果账户中款项的货币与贷款货币不同，贷款人有权按当日外汇挂牌价折算成贷款货币清偿贷款。

（6）以法律手段追偿贷款，诉讼活动所引起的一切费用由借款人承担。

（7）借款人未按本合同规定归还借款，贷款人从贷款逾期之日起按日利率万分之________计收利息。

借款人未在本合同规定的付息日支付利息，贷款人对该部分利息按月计算复利。

(8) 借款人挪用借款，贷款人对挪用部分从挪用之日起按日利率万分之________计收利息。

(9) 贷款人对逾期贷款向借款人按每日万分之________收取违约金。

第十三条　其他约定事项

____

第十四条　通知

本合同项下任一当事人的通知需按第一条所列的地址进行。任一当事人变更地址、电话或传真号码需事先通知其他当事人。

第十五条　解决争议方式

因本合同发生的争议，经协商不能达成一致意见，应向贷款人所在地人民法院提起诉讼。

第十六条　合同生效

本合同自三方法定代表人（或其授权代理人）签字并加盖公章后生效。

本合同一式三份，借款人一份，贷款人两份，具有同等法律效力。

第十七条　合同附件

借款人的借款申请书、提款通知书和其他贷款人认为应成为合同附件的文件均作为本合同的附件，是本合同的组成部分。

借款人：(公章) __________	贷款人：(公章) __________
法定代表人或授权代理人：(签字) ______	法定代表人或授权代理人：(签字) ______
身份证号码：____________	身份证号码：____________
经办人：(签字) __________	
______年______月______日	______年______月______日

思考与练习

1. 什么是买卖合同？买卖合同有哪些特征？
2. 什么是租赁合同？租赁合同的主要内容是什么？
3. 什么是借款合同？借款合同的主要条款有哪些？

第四章 市场规制法律制度

第一节 反不正当竞争法

知识目标

➢ 掌握不正当竞争行为的类型

能力目标

➢ 能够正确判断不正当竞争行为

一、反不正当竞争法的概念

反不正当竞争法是调整国家在规范不正当竞争行为过程中发生的社会关系的法律规范的总称。县级以上人民政府工商行政管理部门对不正当竞争行为进行监督检查。国家鼓励、支持和保护一切组织和个人对不正当竞争行为进行社会监督。国家工作人员不得参与、支持、包庇不正当竞争行为。

其中，不正当竞争行为是指经营者违反《中华人民共和国反不正当竞争法》（以下简称《反不正当竞争法》）的规定，损害其他经营者或者消费者的合法权益，扰乱市场秩序的行为。经营者是指从事或者参与商品生产、经营或者提供服务（以下所称商品包括服务）的自然人、法人和其他组织。

二、不正当竞争行为的类型

1. 市场混淆行为

（1）市场混淆行为的概念

市场混淆行为是指经营者对其所销售的商品和提供的服务作出不实标记或陈述，致使公众对商品或商品生产者、经营者产生误认的行为。市场混淆行为主要包括下列情形：

1）擅自使用他人知名的商业标识，或者使用与他人知名商业标识近似的商业标识，导致市场混淆的。

2）突出使用自己的商业标识，与他人知名的商业标识相同或者近似，误导公众，导致市场混淆的。

3）将他人注册商标、未注册的知名商标作为企业名称中的字号使用，误导公众，导致市场混淆的。

4）将与知名企业和企业集团名称中的字号或其简称，作为商标中的文字标识或者域名主体部分等使用，误导公众，导致市场混淆的。

（2）法律责任

由于市场混淆行为引起纠纷的，由当事人协商解决。不愿协商或者协商不成的，当事人可以向人民法院起诉，也可以请求监督检查部门处理。监督检查部门根据情节，应当责令当事人停止违法行为，没收违法商品，违法经营额5万元以上的，处违法经营额5倍以下的罚款，情节严重的，可以吊销营业执照；没有违法经营额或者违法经营额不足5万元的，处以25万元以下的罚款；违法经营额无法计算的，根据情节处以10万元以上、100万元以下的罚款。

擅自使用知名企业名称的，监督检查部门应当责令当事人在1个月内进行企业名称变更登记。情节严重的，可以吊销营业执照。

2. 不公平交易行为

（1）不公平交易行为的概念

不公平交易行为是指在交易过程中，交易一方在资金、技术、市场准入、销售渠道、原材料采购等方面处于优势地位，交易相对方对该经营者具有依赖性，难以转向其他经营者。具体情形包括：

1）限定交易相对方的交易对象或限定购买其指定的商品。

2）限定交易相对方与其他经营者的交易条件。

3）滥收费用或者不合理地要求交易相对方提供其他经济利益。

4）附加其他不合理的条件。

（2）法律责任

经营者利用相对优势地位实施不公平交易行为的，由地、市级以上的监督检查部门责令改正，处以违法经营额1倍以上、5倍以下的罚款；没有违法经营额或者违法经营额无法计算的，根据情节处以10万元以上、300万元以下的罚款。

3. 商业贿赂行为

（1）商业贿赂行为的概念

商业贿赂是指经营者向交易对方或者可能影响交易的第三方，给付或者承诺给付经济利益，诱使其为经营者谋取交易机会或者竞争优势的行为。给付或者承诺给付经济利益的是商业行贿，收受或者同意收受经济利益的是商业受贿。具体情形包括：

1）在公共服务或者依靠公共服务谋取本单位、部门或个人经济利益。

2）经营者之间未在合同及会计凭证中如实记载而给付经济利益的。

3）给付或者承诺给付对交易有影响的第三方以经济利益，损害其他经营者或消费者合法权益的。

（2）法律责任

经营者有商业贿赂行为的，监督检查部门应当责令其停止违法行为，根据情节处以违法经营额10%以上、30%以下的罚款；构成犯罪的，依法追究刑事责任。

典型案例分析

2017年年初，某市一电子有限公司向该市公安机关报案，称该公司采购部主任刘某等人集体非法收受供货商贿赂。接到报案后，公安机关高度重视，全力组织侦查，历时半年多时间成功侦破案件。

经查，2013年至2017年间，该公司职工刘某利用职务便利，伙同下属多次收受公司供货商回扣，共收受贿赂款95万余元，为行贿方谋取不正当利益，案值达500万元。

思考：1. 刘某等人的行为是否构成不正当竞争行为？

2. 刘某等人应承担什么样的法律责任？

分析：1. 刘某等人的行为构成不正当竞争行为，其供应商为商业行贿行为，刘某等人为商业受贿行为。

2. 本案例所涉案值500万元，收受贿赂额90余万元，属于情节严重行为，依法构成犯罪。刘某等人因涉嫌非国家机关工作人员受贿罪和掩饰犯罪所得罪，应被追究刑事责任。供货商涉嫌对非国家机关工作人员行贿罪，也应被依法追究刑事责任。

4. 引人误解的商业宣传行为

（1）引人误解的商业宣传行为的概念

引人误解的商业宣传行为是指经营者在商品上，或者以广告或其他方法，对商品或服务的质量、制作成分、性能、产地等情况作引人误解的陈述或表示的不正当竞争行为。具体情形包括：

1）进行虚假宣传或者片面宣传。

2）将科学上未定论的观点、现象作为定论的事实用于宣传。

3）以歧义性的语言或者其他引人误解的方式进行宣传。

（2）法律责任

经营者作引人误解的商业宣传行为的，监督检查部门应当责令其停止违法行为，处以违法经营额3倍以上、5倍以下的罚款；没有违法经营额或者违法经营额无法计算的，根据情节处以10万元以上、100万元以下的罚款；情节严重的，可以吊销营业执照；构成犯罪的，依法追究刑事责任。

5. 侵犯商业秘密行为

（1）侵犯商业秘密行为的概念

侵犯商业秘密行为是指以不正当手段，获取、披露、使用或允许他人使用权利人的商业秘密，给权利人造成重大损失的行为。商业秘密是指不为公众所知悉、具有商业价值并经权利人采取相应保密措施的技术信息和经营信息。侵犯商业秘密具体包括以下行为：

1）以盗窃、利诱、胁迫、欺诈或者其他不正当手段获取权利人的商业秘密。

2）披露、使用或者允许别人使用他人的商业秘密。

3）违反约定或者违反权利人有关保守商业秘密的要求，披露、使用或者允许他人使用其所掌握的商业秘密。

4）第三人明知或者应知，获取、披露、使用或者允许他人使用权利人的商业秘密，视为侵犯商业秘密。

（2）法律责任

经营者有侵犯商业秘密行为的，监督检查部门应当责令其停止违法行为，根据情节处以10万元以上、300万元以下的罚款；构成犯罪的，依法追究刑事责任。

6. 不正当有奖促销行为

（1）不正当有奖促销行为的概念

不正当有奖促销行为是指经营者在销售商品或提供服务时，以提供奖励为名，实际上采取欺骗或者其他不当手段损害消费者权益，或者损害其他经营者合法权益的行为。有奖促销包括附赠式有奖促销和抽奖式有奖促销。在同等条件下给予确定奖励的，是附赠式有奖促销，以偶然性的方法确定奖励种类或者是否给予奖励的是抽奖式有奖促销。不正当有奖促销具体包括以下行为：

1）未明示其所设奖的种类、兑奖条件、奖金金额或者奖品等有奖促销信息，影响消费者兑奖。

2）采用谎称有奖或者故意让内定人员中奖等欺骗方式进行有奖销售。

3）对兑奖设定不合理条件。

4）抽奖式有奖促销，最高奖的价值超过5万元。

（2）法律责任

经营者有不正当有奖促销行为的，监督检查部门应当责令其停止违法行为，没收违法商品，根据情节处以10万元以上、100万元以下的罚款。

典型案例分析

某市商业大厦股份有限公司为增加营业额，推出“五一购物有奖销售”系列抽奖活动，其中最高奖项为价值6万元的欧洲双人十日游，引起消费者抢购热潮。在有奖销售活动正式开始之前，该商业大厦经理齐某暗中告知其亲戚戚某有关能中奖商品范围等具体事项，使得戚某轻易地获得旅游大奖。

思考：1. 某市商业大厦股份有限公司的有奖促销行为是否构成不正当竞争行为？

2. 齐某的行为是否属于不正当竞争行为？应如何认定和处理？

分析：1. 商业大厦构成不正当竞争行为，根据《反不正当竞争法》第十条规定，抽奖式有奖促销，最高奖的价值不得超过5万元。商业大厦本次活动中最高奖项为6万元，不符合规定，构成不正当竞争行为。

2. 齐某的行为属于不正当竞争行为。根据《反不正当竞争法》第十条规定，采用谎称有奖或者故意让内定人员中奖等欺骗方式进行有奖销售行为属于不正当竞争行为。齐某利用职务便利暗中告知其亲戚戚某有关中奖商品范围等具体事项，致使戚某获得旅游大奖，构成不正当竞争行为。

7. 损害他人商业信誉和商品声誉行为

（1）商业信誉的概念

商业信誉是指社会公众对某一经营者的经济能力、信用状况等所给予的社会评价，即该经营者在经济生活中信用、名誉的地位。损害他人商业信誉和商品声誉行为的具体情形包括：

1）以竞争为目的，捏造和散布虚假信息。捏造是指无中生有，凭空虚构事实的行为。散布是以各种形式在社会公众中宣传、扩散其捏造的虚假事实的行为。

2）以竞争为目的，恶意评价信息。

3）以竞争为目的，散布不完整或者无法证实的信息。

（2）法律责任

经营者以竞争为目的，损害他人商业信誉行为和商品声誉的，监督检查部门应当责令其停止违法行为，消除影响，根据情节处以10万元以上、300万元以下的罚款；构成犯罪的，依法追究刑事责任。

8. 串通招投标行为

（1）串通招投标行为的概念

串通招投标行为是指投标者之间串通投标，抬高或压低标价，以及投标者和招标者之间相互勾结，排挤竞争对手的行为。

（2）法律责任

经营者有串通招投标行为的，监督检查部门应当责令其停止违法行为，根据情节处以 10 万元以上、300 万元以下的罚款；构成犯罪的，依法追究刑事责任。

9. 利用网络技术或者应用服务影响用户选择、干扰其他经营者正常经营的行为

（1）网络技术的概念

网络技术是指把互联网上分散的资源融为有机整体，实现资源的全面共享和有机协作，使人们能够透明地使用资源的整体能力并按需获取信息。利用网络技术或者应用服务影响用户选择、干扰其他经营者正常经营的行为具体包括：

1）未经用户同意，通过技术手段阻止用户正常使用其他经营者的网络应用服务。

2）未经许可或者授权，在其他经营者提供的网络应用服务中插入链接，强制进行目标跳转。

3）误导、欺骗、强迫用户修改、关闭、卸载或者不能正常使用他人合法提供的网络应用服务。

4）未经许可或者授权，干扰或者破坏他人合法提供的网络应用服务的正常运行。

（2）法律责任

经营者违反相关规定的，监督检查部门责令其停止违法行为，根据情节处以 10 万元以上、300 万元以下的罚款。

10. 经营者不得实施其他损害他人合法权益、扰乱市场秩序的行为

（1）明知或者应知有违反法律规定的不正当竞争行为，仍为其提供生产、销售、仓储、运输、网络服务、技术支持、广告推广、支付结算等便利条件的，根据情节处以 10 万元以上、100 万元以下的罚款。主动配合监督检查部门调查，如实说明情况、提供证据的，可以从轻或者减轻处罚。

（2）违反法律规定转移、隐匿、销毁或者销售被查封、扣押、责令暂停销售商品的，监督检查部门可以没收涉案商品，处涉案商品价款 1 倍以上、3 倍以下的罚款；价款无法计算的，处以 10 万元以上、100 万元以下的罚款；构成犯罪的，依法追究刑事责任。

（3）对监督检查部门依法实施的调查，非因法定事由拒绝提供有关资料、情况，提供虚假资料、情况，隐匿、销毁、转移证据，或者有其他拒绝、阻碍调查行为的，由监督检查部门责令改正，处以 2 万元以上、20 万元以下的罚款。

11. 国家工作人员滥用行政权力的行为

（1）监督检查不正当竞争行为的国家工作人员滥用职权、玩忽职守的，依法给予处分；构成犯罪的，依法追究刑事责任。

（2）监督检查不正当竞争行为的国家工作人员徇私舞弊，对明知有违反法律规定、构成犯罪的经营者故意包庇不使其受追诉的，依法追究刑事责任。

三、对不正当竞争行为的监督检查

监督检查部门在调查不正当竞争行为时，有权行使下列职权：

1. 进入与被调查行为有关的营业场所或者其他场所进行检查。

2. 询问被调查的经营者、利害关系人或者其他有关单位、个人，并要求提供证明材料、数据和技术支持或者与不正当竞争行为有关的其他资料。

3. 查询、复制与被调查行为有关的协议、账册、单据、文件、记录、业务函电、电子数据、视听资料和其他资料。

4. 责令被调查的经营者暂停涉嫌违法的行为，说明与被调查行为有关财物的来源和数量。

5. 对涉嫌不正当竞争行为的财物实施查封、扣押。

6. 查询涉嫌不正当竞争行为的经营者的银行账户及与存款有关的会计凭证、账簿、对账单等。

7. 对有证据证明转移或者隐匿违法资金的，可以申请司法机关予以冻结。

被调查的经营者、利害关系人或者其他有关单位、个人应当如实提供信息，配合监督检查部门依法履行职责，不得拒绝、阻碍监督检查。

典型案例分析

资料一：甲商场与乙公司因为货款问题产生纠纷，甲商场拒绝出售乙公司生产的产品，并对外宣称乙公司产品中含有有害身体健康的物质，乙公司的经营因此受到严重打击。

思考：甲商场的行为是否构成不正当竞争行为？属于哪种类型？

分析：甲商场的行为构成不正当竞争行为，属于诋毁乙公司的商业信誉、商品声誉行为。根据《反不正当竞争法》第十一条规定，经营者不得编造、传播虚假信息或者误导性信息，损害竞争对手的商业信誉、商品声誉。

资料二：G公司以虚假宣传为由，对D公司提起不正当竞争诉讼。G公司称D公司在其公司官网、微信公众号、微博等宣传中称其为“全球最大的一站式多元化出行平台”。G公司认为，D公司对企业规模、市场份额、服务提供者等使用了最高级用语和虚假数据进行夸张和引人误解的版面宣传，对其专业水平、社会影响力等未在科学上定论的内容作定论性宣传，误导消费者，属于虚假宣传，对消费者购买决策产生影响，扰乱市场竞争秩序，给G公司造成巨大损失，应承担赔偿责任。G公司诉至法院，要求判令D公司立即停止不正当竞争行为，公开赔礼道歉，索赔经济损失及合理支出500万元。

思考：D公司是否构成不正当竞争？

分析：D公司构成不正当竞争行为。本案例中D公司对企业规模、市场份额、服务提供者等使用了最高级用语和虚假数据进行夸张和引人误解的版面宣传，涉嫌虚假宣传，属于信息网络侵权行为而产生的不正当竞争行为。

思考与练习

1. 什么叫作不正当竞争行为？
2. 简述不正当竞争行为的情形。

第二节 消费者权益保护法

知识目标

- 明确消费者的权利及经营者的义务
- 明确消费者权益保护法的适用范围
- 掌握消费者权益争议的解决途径

能力目标

- 能够运用消费者权益保护法保护自己的合法权益
- 能够在发生权益争议时找到正确的解决途径

一、消费者权益保护法及消费者的概念

消费者权益保护法是保护消费者合法权益的法律规范的总称，适用于消费者为生活消费需要，购买、使用商品或接受服务，以及经营者为消费者提供其生产、销售的商品或者提供服务的情形。

消费者是指为生活消费需要，购买、使用商品或者接受服务的单位或个人。农民购买、使用直接用于农业生产的生产资料，参照消费者权益保护法执行。消费者不仅包括为自己生活需要购买物品的人，也包括为了收藏、保存、送人等需要而购买商品，以及替家人、朋友购买物品，代理他人购买生活用品的单位或个人。

二、消费者权益保护法的基本原则

1. 自愿原则

消费者与经营者进行交易应当是完全出于自己的真实意愿，不受任何干涉或强迫。

2. 平等原则

消费者与经营者在法律地位上是平等的，同样受法律的保护与制裁。

3. 公平原则

消费者与经营者进行交易时，双方的权利均受到尊重。

4. 诚实信用原则

消费者与经营者在交易过程中，信守承诺，不作虚假或者隐瞒陈述。

5. 绿色环保原则

倡导文明、健康、节约资源和保护环境的消费方式，反对浪费，如吃自助餐时建议分批适量获取食物，避免浪费。

三、消费者的权利

1. 人身、财产安全保障权

消费者有权要求经营者提供的商品和服务符合保障人身、财产安全的要求。对可能危及人身、财产安全的商品和服务，经营者应当向消费者作出真实的说明和明确的警示，并说明和标明正确使用商品或者接受服务的方法以及防止危害发生的方法。

2. 知悉真情权

消费者享有知悉其购买、使用的商品或者接受的服务的真实情况的权利。如要求经营者提供商品的价格、产地、生产者、用途、性能、规格、等级、主要成分、生产日期、有效期限、检验合格证明、使用方法说明书、售后服务，或者服务的内容、规格、费用等有关情况。

采用网络、电视、电话、邮购等方式提供商品或者服务的经营者，以及提供证券、保险、银行等金融服务的经营者，应当向消费者提供经营地址、联系方式、商品或者服务的数量和质量、价款和费用、履行期限和方式、安全注意事项和风险警示、售后服务、民事责任等信息。

3. 自主选择权

消费者有权自主选择提供商品或者服务的经营者，自主选择商品品种或者服务方式，自主决定购买或者不购买任何一种商品、接受或者不接受任何一项服务。消费者在自主选择商品或者服务时，有权进行比较、鉴别和选择。

4. 公平交易权

消费者在购买商品或者接受服务时，有权获得质量保障、价格合理、计量正确等公平交易条件，经营者不得以格式条款、通知、声明、店堂告示等方式，作出排除或者限制消费者权利、减轻或者免除经营者责任、加重消费者责任等对消费者不公平、不合理的规定，不得利用格式条款并借助技术手段强制交易。

5. 损害赔偿权

消费者因购买、使用商品或者接受服务，受到人身、财产损害的，享有依法获得赔偿的权利。

6. 依法成立消费者组织的权利

消费者享有依法成立维护自身合法权益的社会组织的权利。目前我国消费者组织主要是消费者协会。消费者协会的宗旨是对商品和服务进行社会监督，保护消费者的合法权益，引导广大消费者合理、科学消费，促进社会主义市场经济健康发展。消费者组织不得从事商品经营和营利性服务，不得以收取费用或者其他牟取利益的方式向消费者推荐商品和服务。

消费者协会须履行下列公益性职责：

（1）向消费者提供消费信息和咨询服务，提高消费者维护自身合法权益的能力，引导文明、健康、节约资源和保护环境的消费方式。

（2）参与制定有关消费者权益的法律、法规、规章和强制性标准。

（3）参与有关行政部门对商品和服务的监督、检查。

（4）就有关消费者合法权益的问题，向有关部门反映、查询，提出建议。

（5）受理消费者的投诉，并对投诉事项进行调查、调解。

（6）投诉事项涉及商品和服务质量问题的，可以委托具备资格的鉴定人鉴定，鉴定人应当告知鉴定意见。

（7）就损害消费者合法权益的行为，支持受损害的消费者提起诉讼。

（8）对损害消费者合法权益的行为，通过大众传播媒介予以揭露、批评。

依法成立的其他消费者组织也可以依照法律、法规及其章程的规定，开展保护消费者合法权益的活动。

7. 受尊重权

消费者在购买商品或接受服务时，经营者不得对消费者进行侮辱、诽谤，不得搜查消费者的身体及其携带的物品，不得侵犯消费者的人身自由。

8. 信息保密权

经营者及其工作人员对收集的消费者个人信息必须严格保密，不得泄露、出售或者非法向他人提供消费者个人信息。经营者应当采取技术措施和其他必要措施，确保信息安全，防止消费者个人信息泄露、丢失。在发生或者可能发生信息泄露、丢失的情况时，应当立即采取补救措施。

经营者未经消费者同意或者请求，或者消费者明确表示拒绝的，不得向其发送商业性信息。

9. **退货权**

消费者享有在法定的合理期限内使用商品并无条件提出退货要求，而经营者应当无条件予以退货的权利。采用网络、电视、电话、邮购等方式销售商品，消费者有权自收到商品之日起 7 日内退货，且无须说明理由，但下列商品除外：

（1）消费者定制的。

（2）鲜活易腐的。

（3）在线下载或者消费者拆封的音像制品、计算机软件等数字化商品。

（4）交付的报纸、期刊。

除前款所列商品外，其他根据商品性质并经消费者在购买时确认不宜退货的商品，不适用退货权。

消费者退货的商品应当完好，购买物品被洗过、穿过、人为破坏或标牌拆卸的不予退换。经营者应当自收到退回商品之日起 7 日内返还消费者支付的商品价款。退回商品的运费由消费者承担，但因质量问题产生的退货，邮费由卖家承担。经营者和消费者另有约定的，按照约定。

10. **监督权**

消费者有权检举、控告侵害消费者权益的行为和国家机关及其工作人员在保护消费者权益工作中的违法失职行为，有权对保护消费者权益工作提出批评、建议。

四、经营者的义务

1. **依法和依约定履行的义务**

经营者向消费者提供商品或者服务，应当依照《中华人民共和国消费者权益保护法》（以下简称《消费者权益保护法》）和其他有关法律、法规的规定履行义务。经营者和消费者有约定的，应当按照约定履行义务，但双方的约定不得违背法律、法规的规定。

2. **听取意见和接受监督的义务**

经营者应当听取消费者对其提供的商品或者服务的意见，接受消费者、社会和政府有关部门的监督。

3. **公平交易的义务**

经营者向消费者提供商品或者服务，应当恪守社会公德，诚信经营，保障消费者的合法权益。不得设定不公平、不合理的交易条件，不得强制交易。对于经营者使用格式条款的，应当以显著方式提醒消费者注意商品或服务的数量、价款、安全注意事项和风险警示等与消费者有重大利害关系的内容。经营者不得以格式条款、通知、声明、店堂告示方式对消费者作出不公平、不合理的规定。如某商城在店堂公告凡售出商品必须当时退换，过期作自动放弃处理，这种规定是无效的。

4. 保障安全的义务

经营者应当保证其提供的商品或者服务符合保障人身、财产安全的要求。经营者发现其提供的商品或者服务存在缺陷，有危及人身、财产安全的，应当立即向有关行政部门报告和告知消费者，并采取停止销售、警示、召回、无害化处理、销毁、停止生产或者服务等措施。采取召回措施的，经营者应当承担消费者因商品被召回支出的必要费用。

酒店、商场、餐馆、银行、机场、车站、港口、影剧院等经营场所的经营者，应当对消费者尽到安全保障义务。

5. 提供真实信息的义务

经营者应当向消费者提供有关商品或者服务的真实信息，不得作虚假或者引人误解的宣传。经营者对消费者就其提供的商品或者服务的质量和使用方法等问题提出的询问，应当作出真实、明确的答复。提供的商品应当明码标价。

6. 标明经营者真实身份的义务

经营者或租赁他人柜台或者场地的经营者，应当标明其真实名称和标记。让消费者做到心中有数，不仅是对消费者权益的尊重，而且有利于承担发生纠纷后的举证责任。

7. 出具购货凭证或服务单位的义务

经营者提供商品或者服务，应当按照国家有关规定或者商业惯例向消费者出具发票等购货凭证或者服务单据。消费者索要发票等购货凭证或者服务单据的，经营者必须出具。这些书面凭证是消费者与经营者发生合同义务关系的证明。

8. 保证质量的义务

经营者应当保证在正常使用商品或者接受服务的情况下其提供的商品或者服务应当具有的质量、性能、用途和有效期限，但消费者在购买该商品或者接受服务前已经知道其存在瑕疵，且存在该瑕疵不违反法律强制性规定的除外。经营者提供的机动车、计算机、电视机、电冰箱、空调器、洗衣机等耐用商品或者装饰、装修等服务，消费者自接受商品或者服务之日起6个月内发现瑕疵，出现争议的，由经营者承担有关瑕疵的举证责任。

经营者以广告、产品说明、实物样品或者其他方式表明商品或者服务的质量状况的，应当保证其提供的商品或者服务的实际质量与表明的质量状况相符。

9. 保护消费者信息秘密的义务

经营者收集、使用消费者个人信息，应当遵循合法、正当、必要的原则，明示收集、使用信息的目的、方式和范围，并经消费者同意。经营者收集、使用消费者个人信息，应当公开其收集、使用规则，不得违反法律、法规的规定和双方的约定。经营者应当采取技术措施和其他必要措施，确保信息安全，防止消费者个人信息泄露、丢失。

五、解决争议的途径

消费者和经营者发生消费者权益争议的，可以通过下列途径解决。

1. 与经营者协商和解

消费者与经营者发生争议后，本着自愿、诚实信用原则化解纠纷，协商一致，达成和解协议。这种解决争议的方式成本最低，效率最高。

2. 请求消费者协会调解

消费者与经营者若协商和解未能达成，消费者可以向当地的消费者协会投诉或直接投诉，但消费者协会的调解协议不具有法律效力。这种解决争议的方式成本较低，经营者因考虑到社会声誉等因素，一般也比较配合。

3. 向有关行政部门申诉

消费者的合法权益受到侵害后，根据发生纠纷的性质，可以向工商、物价、技术监督、卫生等有关行政部门提起申诉，受理的行政部门应当听取消费者和消费者协会等组织对经营者交易行为、商品和服务质量问题的意见，及时调查处理。消费者向有关行政部门投诉的，该部门应当自收到投诉之日起 7 个工作日内，予以处理并告知消费者。

4. 根据与经营者达成的仲裁协议提请仲裁机构仲裁

仲裁机构的仲裁裁定书具有法律效力。

5. 向人民法院提起诉讼

消费者的合法权益受到侵害后，若未能与经营者达成协议，或者对于有关组织的调解结果不满意的，可以向人民法院起诉。起诉是当事人向人民法院请示司法保护的法律行为，这种解决纠纷的方式成本较高，耗时较长。

六、损害责任承担者

1. 生产者、销售者、提供服务者

消费者或者其他受害人因商品缺陷造成人身、财产损害的，可以向销售者要求赔偿，也可以向生产者要求赔偿。属于生产者责任的，销售者赔偿后，有权向生产者追偿。属于销售者责任的，生产者赔偿后，有权向销售者追偿。消费者在接受服务时，其合法权益受到损害的，可以向服务者要求赔偿。

2. 变更后承受原企业权利与义务的企业

消费者在购买、使用商品或者接受服务时，其合法权益受到损害，因原企业分立、合并的，可以向变更后承受其权利与义务的企业要求赔偿。

3. 营业执照的持有人和使用人

使用他人营业执照的违法经营者提供商品或者服务，损害消费者合法权益的，消费者可以向其要求赔偿，也可以向营业执照的持有人要求赔偿。

4. 展销会的举办者、柜台的出租者

消费者在展销会、租赁柜台购买商品或者接受服务，其合法权益受到损害的，可以向销售者或者服务者要求赔偿。展销会结束或者柜台租赁期满后，也可以向展销会的举办者、柜台的出租者要求赔偿。展销会的举办者、柜台的出租者赔偿后，有权向销售者或者服务者追偿。

5. 网络交易平台提供者

消费者通过网络交易平台购买商品或者接受服务，其合法权益受到损害的，可以向销售者或者服务者要求赔偿。网络交易平台提供者不能提供销售者或者服务者的真实名称、地址和有效联系方式的，消费者也可以向网络交易平台提供者要求赔偿。网络交易平台提供者作出更有利于消费者的承诺的，应当履行承诺。网络交易平台提供者赔偿后，有权向销售者或者服务者追偿。

网络交易平台提供者明知或者应知销售者或者服务者利用其平台侵害消费者合法权益，未采取必要措施的，依法与该销售者或者服务者承担连带责任。

6. 广告经营者、发布者

消费者因经营者利用虚假广告或者其他虚假宣传方式提供商品或者服务，其合法权益受到损害的，可以向经营者要求赔偿。广告经营者、发布者发布虚假广告的，消费者可以请求行政主管部门予以惩处。广告经营者、发布者不能提供经营者的真实名称、地址和有效联系方式的，应当承担赔偿责任。

广告经营者、发布者设计、制作、发布关系消费者生命健康的商品或者服务的虚假广告，造成消费者损害的，应当与提供该商品或者服务的经营者承担连带责任。

社会团体或者其他组织、个人在关系消费者生命健康的商品或者服务的虚假广告或者其他虚假宣传中向消费者推荐商品或者服务，造成消费者损害的，应当与提供该商品或者服务的经营者承担连带责任。

七、法律责任

1. 经营者提供商品或者服务，造成消费者或者其他受害人人身伤害的，应当赔偿

医疗费、护理费、交通费等为治疗和康复支出的合理费用，以及因误工减少的收入。造成消费者或者其他受害人残疾的，还应当赔偿残疾生活辅助具费和残疾赔偿金。造成消费者或者其他受害人死亡的，还应当赔偿丧葬费和死亡赔偿金。

2. 经营者侵害消费者的人格尊严、侵犯消费者人身自由或者侵害消费者个人信息依法得到保护的权利的，应当停止侵害、恢复名誉、消除影响、赔礼道歉，并赔偿损失。

3. 经营者有侮辱诽谤、搜查身体、侵犯人身自由等侵害消费者或者其他受害人人身权益的行为，造成严重精神损害的，受害人可以要求精神损害赔偿。

4. 经营者提供商品或者服务，造成消费者财产损害的，应当依照法律规定或者当事人约定，承担修理、重作、更换、退货、补足商品数量、退还货款和服务费用或者赔偿损失等民事责任。

5. 经营者提供商品或者服务有欺诈行为的，应当按照消费者的要求增加赔偿其受到的损失，增加赔偿的金额为消费者购买商品的价款或者接受服务的费用的 3 倍；增加赔偿的金额不足 500 元的，为 500 元。

经营者明知商品或者服务存在缺陷，仍然向消费者提供商品或者服务，造成消费者或者其他受害人死亡或者健康严重损害的，受害人有权要求经营者按法律规定赔偿损失，并有权要求所受损失 2 倍以下的惩罚性赔偿。

6. 经营者除承担民事责任外，工商行政管理部门或者其他有关行政部门有权责令其改正，可以根据情节单处或者并处警告、没收违法所得，并处以违法所得 1 倍以上、10 倍以下的罚款；没有违法所得的，处以 50 万元以下的罚款；情节严重的，责令停业整顿、吊销营业执照。

7. 经营者违反《消费者权益保护法》规定提供商品或者服务，侵害消费者合法权益，构成犯罪的，依法追究刑事责任。

典型案例分析

小王在某知名网络平台上购买了一部外国品牌手机，因为是秒杀价所以很便宜，小王收到手机后感觉不是原装产品，随后到当地专卖店验货，发现是组装产品。因为该网店在宣传时一直强调秒杀的也是原装产品，于是小王以不是原装产品为由要求退货，店家以手机已拆封为由不予退货。

小王想要退货，但无从知晓网上卖家的真实身份和地址，故联系该知名网络平台，要求其提供卖家的真实名称、地址和联系方式，然而该知名网络平台却迟迟没有回复，小王最后将该知名网络平台诉至法院要求其赔偿损失。

思考：1. 提供网络平台的服务商是否要承担连带责任？

2. 法院能否支持小王的诉讼请求？

分析：1. 我国《消费者权益保护法》明确规定，消费者通过网络交易平台购买商品或者接受服务，其合法权益受到损害的，可以向销售者或者服务者要求赔偿。网络交易平台提供者不能提供销售者或者服务者的真实名称、地址和有效联系方式的，消费者也可以向网络交易平台提供者要求赔偿。网络交易平台提供者作出更有利于消费者的承诺的，应当履行承诺。网络交易平台提供者明知或者应知销售者或者服务者利用其平台侵害消费者合法权益，未采取必要措施的，依法与该销售者或者服务者承担连带责任。

2. 法院会支持小王的诉讼请求。在《消费者权益保护法》中明确规定，网上购物消费者的合法权益受到损害的，可以向销售者或者服务者要求赔偿，网络交易平台提供者不能提供销售者或者服务者的真实名称、地址和有效联系方式的，消费者也可以向网络交易平台提供者要求赔偿。这是国家针对网络购销这一特殊领域的特别规定，一定程度上加重了网络交易平台的责任，能够使网络交易平台起到监督管理的作用，促进网络交易的健康、良性发展。

思考与练习

1. 什么叫作消费者？消费者有哪些权利？
2. 经营者有哪些义务？

第三节　产品质量法

知识目标

➢ 了解产品质量监督管理体制

➢ 掌握产品、产品质量的概念

➢ 掌握生产者、销售者的产品质量责任和义务

能力目标

➢ 能够严格执行质量标准，推行产品质量认证制度

➢ 能够识别产品与非产品，协助企业严格实施岗位质量规范、质量责任以及相应的考核办法

一、产品及产品质量法

1. 产品

产品是指经过加工、制作，并用于销售的产品。建设工程不适用产品质量法规定，但是建设工程使用的建筑材料、建筑配件和设备，属于产品范畴。

产品质量是指产品实体满足明确和隐含需要的能力和特性的总和。产品质量由各种要素组成，这些要素被称为产品所具有的特征和特性，包括使用性能、安全性、可用性、可靠性、可维修性、经济性和环境等。通常以某一具体标准作为衡量指标，如国际标准、国家标准、行业标准等。

2. 产品质量法

产品质量法是调整产品生产、销售活动中因产品质量监督管理和产品质量责任所形成的社会关系的法律规范的总称。

1993 年 2 月 22 日，第七届全国人民代表大会常务委员会第三十次会议通过的《中华人民共和国产品质量法》（以下简称《产品质量法》），根据 2000 年 7 月 8 日第九届全国人民代表大会常务委员会第十六次会议《关于修改〈中华人民共和国产品质量法〉的决定》予以修正，自 2000 年 9 月 1 日起施行。

二、产品质量监督管理

1. 产品质量监督管理体制

（1）国务院产品质量监督部门主管全国产品质量监督工作，国务院有关部门在各自的职责范围内负责产品质量监督工作。

国家对产品质量实行以抽查为主要方式的监督检查制度，对可能危及人体健康和人身、财产安全的产品，影响国计民生的重要工业产品以及消费者、有关组织反映有质量问题的产品进行抽查。监督抽查所需检验费用按照国务院规定列支。

监督抽查的产品质量不合格的，由实施监督抽查的产品质量监督部门责令其生产者、销售者限期改正。逾期不改正的，由省级以上人民政府产品质量监督部门予以公告。公告后经复查仍不合格的，责令停业，限期整顿。整顿期满后经复查产品质量仍不合格的，吊销其营业执照。

国务院和省、自治区、直辖市人民政府的产品质量监督部门应当定期发布其监督抽查的产品的质量状况公告。

生产者、销售者对抽查检验的结果有异议的，可以自收到检验结果之日起 15 日内向实施监督抽查的产品质量监督部门或者其上级产品质量监督部门申请复检，由受理复检的产品质量监督部门作出复检结论。

（2）县级以上地方产品质量监督部门主管本行政区域内的产品质量监督工作。县级以上产品质量监督部门根据已经取得的违法嫌疑证据或者举报，对涉嫌违反法律规定的行为进行查处时，可以行使下列职权：

1）对当事人涉嫌违法生产、销售活动的场所实施现场检查。

2）向当事人的法定代表人、主要负责人和其他有关人员调查、了解与涉嫌从事违法生产、销售活动有关的情况。

3）查阅、复制当事人有关的合同、发票、账簿以及其他有关资料。

4）对有根据认为不符合保障人体健康和人身、财产安全的国家标准、行业标准的产品，或者有其他严重质量问题的产品，以及直接用于生产、销售该项产品的原辅材料、包装物、生产工具，予以查封或者扣押。

(3) 县级以上地方人民政府有关部门在各自的职责范围内负责产品质量监督工作。产品质量监督部门或者其他国家机关以及产品质量检验机构不得向社会推荐生产者的产品，不得以对产品进行监制、监销等方式参与产品经营活动。

(4) 任何单位和个人有权对违反《产品质量法》规定的行为，向产品质量监督部门或者其他有关部门检举。产品质量监督部门和有关部门应当为检举人保密，并按照省、自治区、直辖市人民政府的规定给予奖励。

(5) 企业的自律管理。企业是产品质量的主体，产品质量应当由企业依法自主管理，由企业对产品质量负责。

2. 产品质量监督管理的要求

1. 产品质量应当检验合格，不得以不合格产品冒充合格产品。产品质量把关的源头在企业，因此企业对产品质量进行检验是保障产品质量的起点。

2. 可能危及人体健康和人身、财产安全的工业产品，必须符合保障人体健康和人身、财产安全的国家标准、行业标准。未制定国家标准、行业标准的，必须符合保障人体健康和人身、财产安全的要求。

3. 推行企业质量认证体系和产品质量认证标志。国家根据国际通用的质量管理标准，推行企业质量体系认证制度。企业根据自愿原则，可以向国务院产品质量监督部门认可的或者国务院产品质量监督部门授权部门认可的认证机构申请企业质量体系认证。经认证合格的，由认证机构颁发企业质量体系认证证书。

国家参照国际先进的产品标准和技术要求，推行产品质量认证制度。企业根据自愿原则可以向国务院产品质量监督部门认可的或者国务院产品质量监督部门授权部门认可的认证机构申请产品质量认证。经认证合格的，由认证机构颁发产品质量认证证书，准许企业在产品或者其包装上使用产品质量认证标志。

三、生产者的产品质量责任和义务

1. 产品内在质量应当符合法定要求

(1) 不存在危及人身、财产安全的不合理的危险，有保障人体健康和人身、财产安全的国家标准、行业标准的，应当符合该标准。

(2) 具备产品应当具备的使用性能，对产品存在使用性能的瑕疵作出说明的除外。

(3) 符合在产品或者其包装上注明采用的产品标准，符合以产品说明、实物样品等方式表明的质量状况。

2. 产品包装标志符合法定要求

(1) 有产品质量检验合格证明。

(2) 有中文标明的产品名称、生产企业名称和地址。

(3) 根据产品的特点和使用要求，需要标明产品规格、等级、所含主要成分的名称和含量的，用中文相应予以标明。需要事先让消费者知晓的，应当在外包装上标明，或者预先向消费者提供有关资料。

(4) 限期使用的产品，应当在显著位置清晰地标明生产日期和安全使用期或者失效日期。

(5) 使用不当，容易造成产品本身损坏或者可能危及人身、财产安全的产品，应当有警示标志或者中文警示说明。

裸装的食品和其他根据产品的特点难以附加标识的裸装产品，可以不附加产品标识。

(6) 易碎、易燃、易爆、有毒、有腐蚀性、有放射性等危险物品以及储运中不能倒置和其他有特殊要求的产品，其包装质量必须符合相应要求，依照国家有关规定作出警示标志或者中文警示说明，标明储运注意事项。

3. 不得违反禁止性规定

(1) 不得生产国家明令淘汰的产品。国家明令淘汰的产品是指国务院以及国务院有关行政部门依据其行政职能，按照一定的程序，采用行政的措施，通过发布行政文件的形式向社会公布某项产品或者某个型号的产品，自何年、何月、何日起禁止继续生产、销售、使用。这是国家采取的一项宏观控制的行政手段，对社会具有普遍的约束力。国家明令淘汰的产品，多是属于性能落后、耗能高、效能小、环境污染较大、毒副反应大、对人体健康或者人身、财产安全和动植物安全危害较大的产品，如农药中的“六六六”“滴滴涕”等。

(2) 不得伪造产地，不得伪造或者冒用他人的名称、地址。

(3) 不得伪造或者冒用认证标志等质量标志。

(4) 生产产品不得掺杂、掺假，不得以假充真、以次充好，不得以不合格产品冒充合格产品。

四、销售者的产品质量责任和义务

1. 建立并执行进货检查验收制度

销售者应建立进货检查验收制度，进货检查主要包括产品标识检查、产品感观检查和必要的产品内在质量的检验。强化责任意识，要检查供货方的经营资格，检查产品合格证和产品标识。产品需要检验检疫的，还应当要求供货方提供检验机构出具的检验报告或者由供货方签字或者盖章的检验报告复印件。

2. 采取措施，保持销售产品的质量

销售者进货后，应当采取措施，保持销售产品的质量。销售者应当根据产品的不同特点，采取不同的措施，如采取必要的防雨、通风、防晒、防霉变、分类等方式保持产品质量。对某些特殊产品的保管，应采取控制温度等措施，保持进货时的产品质量状况，尤其是药品和食品等，应采取必要的冷藏、防潮、防虫、防鼠等措施。

3. 不得违反禁止性规定

（1）不得销售国家明令淘汰并停止销售的产品和失效、变质的产品。

（2）不得伪造产地，不得伪造或者冒用他人的名称、地址。

（3）不得伪造或者冒用认证标志等质量标志。

（4）销售产品不得掺杂、掺假，不得以假充真、以次充好，不得以不合格产品冒充合格产品。

五、法律责任

1. 生产、销售不符合保障人体健康和人身、财产安全的国家标准、行业标准的产品的，责令停止生产、销售，没收违法生产、销售的产品，并处违法生产、销售产品（包括已售出和未售出的产品）货值金额等值以上、3 倍以下的罚款；有违法所得的，并处没收违法所得；情节严重的，吊销营业执照；构成犯罪的，依法追究刑事责任。

2. 在产品中掺假，以假充真、以次充好，或者以不合格产品冒充合格产品的，责令停止生产、销售，没收违法生产、销售的产品，并处违法生产、销售产品货值金额50%以上、3 倍以下的罚款；有违法所得的，并处没收违法所得；情节严重的，吊销营业执照；构成犯罪的，依法追究刑事责任。

3. 生产、销售国家明令淘汰的产品的，责令停止生产、销售，没收违法生产、销售的产品，并处违法生产、销售产品货值金额等值以下的罚款；有违法所得的，并处没收违法所得；情节严重的，吊销营业执照。

4. 销售失效、变质的产品的，责令停止销售，没收违法销售的产品，并处违法销售产品货值金额 2 倍以下的罚款；有违法所得的，并处没收违法所得；情节严重的，吊销营业执照；构成犯罪的，依法追究刑事责任。

六、损害赔偿

1. 因产品存在缺陷造成受害人人身、财产损害的，受害人可以向产品的生产者要求赔偿，也可以向产品的销售者要求赔偿。属于产品生产者的责任，由产品的销售者赔偿的，产品的销售者有权向产品的生产者追偿。属于产品销售者的责任，由产品的生产者赔偿的，产品的生产者有权向产品的销售者追偿。

2. 因产品存在缺陷造成受害人人身伤害的，侵害人应当赔偿医疗费、治疗期间的护理费、因误工减少的收入等费用；造成残疾的，还应当支付残疾者生活自助具费、生活补助费、残疾赔偿金以及由其扶养的人所必需的生活费等费用；造成受害人死亡的，并应当支付丧葬费、死亡赔偿金以及由死者生前扶养的人所必需的生活费等费用。因产品存在缺陷造成受害人财产损失的，侵害人应当恢复原状或者折价赔偿。受害人因此遭受其他重大损失的，侵害人应当赔偿损失。

3. 售出的产品有下列情形之一的，销售者应当负责修理、更换、退货，给购买产品的消费者造成损失的，销售者应当赔偿损失：

（1）不具备产品应当具备的使用性能而事先未作说明的。

（2）不符合在产品或者其包装上注明采用的产品标准的。

（3）不符合以产品说明、实物样品等方式表明的质量状况的。

销售者负责修理、更换、退货、赔偿损失后，属于生产者的责任或者属于向销售者提供产品的其他销售者（供货者）的责任的，销售者有权向生产者、供货者追偿。

生产者之间、销售者之间、生产者与销售者之间订立的买卖合同、承揽合同有不同约定的，合同当事人按照合同约定执行。

典型案例分析

某商场购进一批玻璃花瓶，该花瓶上有不规则的抽象花纹，是某厂家新开发的产品。商场在销售商品的标签上注明，此商品用于插装塑料花。消费者王某购买时未注意到此项标注，购回后也未看使用说明书，使用于盛装鲜花，发现花瓶有镂空设计而漏水，要求商场退货并赔偿损失。商场以无过错为由拒绝退货。

思考：分析案例中谁的观点是正确的。

分析：商场的观点是正确的。根据《产品质量法》中相关规定，售出的产品不具备产品应当具备的使用性能而事先未作说明的，销售者应当负责修理、更换、退货，给购买产品的消费者造成损失的，销售者应当赔偿损失。在本案例中，该花瓶设计的目的是为了插装塑料花，因此出现镂空属于正常设计，并且商场在销售商品的标签上已作注明，生产企业的使用说明书中也作了标注。主要责任在于王某使用不当，商场并无过错，不应承担责任。

4. 因产品存在缺陷造成人身、缺陷产品以外的其他财产损害的，生产者应当承担赔偿责任。但生产者能够证明有下列情形之一的，不承担赔偿责任：

（1）未将产品投入流通的。

（2）产品投入流通时，引起损害的缺陷尚不存在的。

(3) 将产品投入流通时的科学技术水平尚不能发现缺陷的存在的。

因产品存在缺陷造成损害要求赔偿的诉讼时效期间为2年，自当事人知道或者应当知道其权益受到损害时起计算。

典型案例分析

2016年3月17日，李某见A品牌电动自行车经营店做“以旧换新”促销活动，于是前去咨询。店主王某向李某介绍该促销活动，每辆旧电动自行车可以折旧300~500元，并将电动自行车使用说明书、电动自行车保修卡和合格证等拿来向李某介绍，其中保修卡中内容记载如下。

1. 充电器：外观无因外力造成的裂痕，未私自打开内部，缝合贴标未被撕毁，附线完整的出现短路、断路及其他影响使用的质量问题，1年内予以保修。

2. 电池：在正常条件下，正确使用的电池如发生漏液、塑壳开裂问题，经检验容量低于额定容量的60%，1年内予以保修。

3. 电源锁：电源锁出现失灵、接触不良等问题，半年内予以保修。

4. 调速把：外观无损伤，出线部位无断裂，无自行拆卸现象，失去正常调速功能或模式转换功能的视为质量问题，1年内予以保修。

5. 功能开关：外观无损伤，出线部位无断裂，失去任何一项功能的（喇叭、大灯、转向）视为质量问题，1年内予以保修。

6. 锂离子电池、镍氢电池：出现充不进电、放不出电、续行里程短等问题，1年内予以保修。

7. 其他未列事项保修期为3年。

李某见保修卡上记载如此详细，对此产生好感，于是和店主王某谈好价格，以自己旧的电动自行车折价500元，换购了一辆新的同品牌电动自行车，同时补付价款2 800元。2016年9月20日，李某发现电源锁失灵，于是找到王某要求保修，王某以已超过半年保修期为由予以拒绝。

2016年11月9日，李某发现电动自行车的电池需要更换，找到店主王某要求免费更换电池，王某以李某使用不当造成电池缩短使用期为由予以拒绝，李某无奈只好自己花钱更换了电池。

2017年8月23日，由于电动自行车前叉突然断裂，导致李某跌倒受伤。李某受伤后被送往当地医院治疗，共花费医疗费2 670元，并经鉴定构成十级伤残。李某出院后向王某索赔，要求王某退还其购买电动自行车车款2 800元，旧电动自行车折价款500元，医疗费2 670元，误工费等费用1 700余元，合计人民币7 670元。王某辩称李某购买A牌电动自行车是事实，但自己是销售者，是帮助电动自行车生产公司销售的，不存在任何过错，只能协助处理此事。李某与王某就赔偿问题一直未能达成一致意见，李某无奈于2017年10月30日将王某和生产A品牌电动自行车的公司诉至法院，要求两被告赔偿其因电动自行车前叉断裂所造成的各项损失共计人民币 7 670 元。

庭审中李某向法庭出示了王某提供的电动自行车使用说明书、电动自行车保修卡和合格证，上面的商标和 A 电动自行车生产公司地址与国家商标局核准 A 电动自行车生产公司受让的注册商标证明上是一致的。A 电动自行车生产公司于 2016 年 8 月向国家工商局申请注册 A 商标，2017 年 1 月获准。

同时，电动自行车生产公司提供印有“B”型 A 商标和“C”型 A 商标的电动自行车说明书和合格证，并陈述该公司一直使用此说明书，以证明李某及王某提供的说明书和合格证不是其公司的，李某出事的电动自行车不是该公司生产的。

A 电动自行车生产公司辩称，李某所诉的电动自行车不是该公司生产的，王某也未向该公司购买过 A 牌电动自行车，李某的赔偿问题与 A 公司无关，请求驳回李某对 A 公司的诉讼请求。

法院经审理后认为，因产品瑕疵造成他人财产、人身损害的，产品制造者、销售者应当承担民事责任。A 电动自行车生产公司于 2017 年 1 月经国家商标局核准注册“C”型 A 商标，故此前的使用说明书中应没有该商标。A 电动自行车生产公司提供的印有“C”型 A 商标说明书仅能证明该说明书是 2017 年 1 月后使用的，仅凭此说明书不足以推翻李某、王某提供的“B”型 A 商标电动自行车使用说明书、保修卡，故可认定 A 电动自行车生产公司是出事的电动自行车的生产者。A 电动自行车生产公司未能举证证明其有我国《产品质量法》规定的免责情形，故应认定李某购买的 A 牌电动自行车存在瑕疵。该车在质保期内前叉开裂，导致李某骑车时摔倒受伤，A 电动自行车生产公司作为生产者存在过错，应承担最终赔偿责任。因王某和 A 电动自行车生产公司都是赔偿义务人，对李某的损害均负有赔偿义务，王某对该赔偿义务应承担连带责任。经营者提供的商品造成消费者财产损害的，应当按照消费者的要求，以退货等方式承担民事责任。因此，法院判决 A 电动自行车生产公司赔偿李某因电动自行车前叉断裂所造成的各项损失，王某对上述义务承担连带责任。李某将购买的 A 牌电动自行车退还给王某，王某退还李某车款。

思考：1. 王某在诉至法院的过程中是否可以将前款电源锁失灵、电池充电不足两事项列入损害赔偿损失中？

2. 分析李某将王某和电动自行车生产公司诉至法院，以及法院判决的法律依据。

分析：1. 王某不可以将上述两项列入该次诉讼中。根据法律、法规的相关规定，诉讼请求范围违反了“一事一议”原则。

2. 依据我国《产品质量法》第四十三条规定，因产品存在缺陷造成人身、他人财产损害的，受害人可以向产品的生产者要求赔偿，也可以向产品的销售者要求赔偿。因此，李某将王某和电动自行车生产公司诉讼至法院是有法律依据的。

依据我国《产品质量法》第四十四条规定，因产品存在缺陷造成受害人人身伤害的，侵害人应当赔偿医疗费、治疗期间的护理费、因误工减少的收入等费用；造成残疾的，还应当支付残疾者生活自助具费、生活补助费、残疾赔偿金以及由其扶养的人所必需的生活费等费用；造成受害人死亡的，并应当支付丧葬费、死亡赔偿金以及由死者生前扶养的人所必需的生活费等费用。因产品存在缺陷造成受害人财产损失的，侵害人应当恢复原状或者折价赔偿。受害人因此遭受其他重大损失的，侵害人应当赔偿损失。因此，法院判决电动自行车生产公司赔偿李某因电动自行车前叉断裂所造成的各项损失，王某对上述义务承担连带责任，李某将购买的A牌电动自行车退还给王某，王某退还李某车款是有法律依据的。

思考与练习

1. 生产者的产品质量责任和义务有哪些？
2. 销售者的产品质量责任和义务有哪些？

第五章　劳动合同与社会保险法律制度

第一节　劳动合同的订立

知识目标

➢ 了解劳动关系与劳动合同的概念

➢ 了解劳动合同订立的主体

➢ 掌握劳动合同订立的时间及试用期

能力目标

➢ 能够认清劳动合同订立的主体资格

➢ 能够运用知识解决就业过程中与企业签订劳动合同时容易出现的问题

一、劳动法的概念及适用范围

1. 劳动法的概念

劳动法是调整劳动关系以及与劳动关系密切相关的其他社会关系的法律规范的总称。

劳动者是指达到法定年龄，具有劳动能力，以从事某种社会劳动获得收入为主要生活来源，依据法律或合同的规定，在用人单位的管理下从事劳动并获取劳动报酬的自然人。

2. 劳动法的适用范围

国务院劳动行政部门主管全国劳动工作。县级以上地方人民政府劳动行政部门主管本行政区域内的劳动工作。

在中华人民共和国境内的企业、个体经济组织（以下统称用人单位）和与之形成劳动关系的劳动者，适用《中华人民共和国劳动法》（以下简称《劳动法》）。

下列人员不适用《劳动法》：

（1）公务员和比照实行公务员制度的事业单位和社会团体的工作人员

公务员是依法行使国家职权的公职人员，公务员的劳动关系由《公务员法》和其他法律加以规范。比照实行公务员制度的工作人员（如工会、青年团、妇联等社会团体的机关工作人员）也不适用《劳动法》。

（2）农村劳动者（或称农业劳动者、农民）

农民属于劳动者的范畴，农村劳动者通过家庭联产承包合同确定其权利和义务，农民与村民委员会之间不属于劳动关系，不受《劳动法》调整。

（3）现役军人

正在服役的军人肩负着保卫祖国和人民安全的重任，这是符合服役条件的公民应尽的义务，所以，现役军人不适用《劳动法》。

（4）家庭保姆

家庭保姆是属于雇主与雇员之间的劳务关系。劳务关系是平等主体之间就劳务的提供与报酬的给付所达成的协议，是一种债权债务关系，遵循意思自治、合同自由和等价有偿的原则。劳务关系不受《劳动法》调整，应适用《民法总则》和《合同法》的规定。

（5）退休再从事工作的人员

退休人员已超过劳动者规定的法定年龄，不属于劳动者范围，因此，退休再从事工作的人员不适用《劳动法》。

3. 劳动合同法

（1）劳动合同法的概念

劳动合同法是调整劳务合同关系，明确劳动合同双方当事人的权利和义务的法律规范的总称。

（2）劳动合同法的适用范围

1）中华人民共和国境内的企业、个体经济组织、民办非企业单位等组织与劳动者建立劳动关系，订立、履行、变更、解除或者终止劳动合同，适用《中华人民共和国劳动合同法》（以下简称《劳动合同法》）。

2）国家机关、事业单位、社会团体和与其建立劳动关系的劳动者，订立、履行、变更、解除或者终止劳动合同，依照《劳动合同法》执行。

4. 劳动者的权利

（1）平等就业和选择职业的权利

这是对于《宪法》中“公民有劳动的权利”这一规定的具体化。

（2）取得劳动报酬的权利

工资分配应当遵循按劳分配原则，实行同工同酬。工资应当以货币形式按月支付给劳动者本人，不得克扣或者无故拖欠劳动者的工资，劳动者在法定休假日和婚丧假期间以及依法参加社会活动期间，用人单位应当依法支付工资。国家实行最低工资保障制度，用人单位根据本单位的生产经营特点和经济效益，依法自主确定本单位的工资分配方式和工资水平。用人单位支付劳动者的工资不得低于当地最低工资标准。加班加点工资应按以下规定执行：

1）安排加班加点的，支付不低于工资的150%的工资报酬。

2）休息日工作又不能安排补休的，支付不低于工资的2倍的工资报酬。

3）法定休假日安排工作的，支付不低于工资的3倍的工资报酬。

应注意，计算加班工资的基数不一定是劳动者的全部工资。在确定加班工资的计算基数时，劳动合同中对工资有约定的，按不低于劳动合同约定的劳动者本人所在岗位相对应的工资标准确定。劳动合同中没有约定的，可由用人单位与员工代表通过集体协商，在集体合同中明确。用人单位与劳动者无任何约定的，按劳动者本人所在岗位正常出勤月工资的70%确定。如果上述办法确定的加班工资计算基数低于最低工资的，则要按最低工资计算。

国家规定的职工全年月平均工作天数和工作时间分别为20.92天和167.4小时，职工的日工资和小时工资应按此进行折算。

（3）休息休假的权利

1）工作时间。工作时间又称劳动时间，是指法律规定的劳动者在一昼夜或一周从事生产或工作的时间。工作时间包括每日工作的小时数和每周工作的天数和小时数。我国实行每周工作五天，平均每周工作四十小时的工时制度。对实行计件工作的劳动者，用人单位应当合理确定其劳动定额和计件报酬标准。用人单位应当保证劳动者每周至少休息1日。

2）加班加点。加班是指劳动者在法定节日或公休假日从事生产或工作的。加点是指劳动者在正常工作以外的时间从事生产或工作的。

用人单位由于生产经营需要，经与工会和劳动者协商后可以延长工作时间，一般每日不得超过1小时。因特殊原因需要延长工作时间的，在保障劳动者身体健康的条件下延长工作时间每日不得超过3小时，但是每月不得超过36小时。用人单位不得违反《劳动法》的规定延长劳动者的工作时间。

有下列情形之一的，延长工作时间不受限制：

①发生自然灾害、事故或者因其他原因，威胁劳动者生命健康和财产安全，需要紧急处理的。

②生产设备、交通运输线路、公共设施发生故障，影响生产和公众利益，必须及时抢修的。

3）休息休假。休息休假是指劳动者在国家规定的法定工作时间外自行支配的时间，包括劳动者每天休息的时数、每周休息的天数、节假日、年休假、探亲假等。

国家实行带薪年休假制度。劳动者连续工作1年以上的，享受带薪年休假。职工累计工作已满1年不满10年的，年休假5天；已满10年不满20年的，年休假10天；已满20年的，年休假15天。国家法定休假日、休息日不计入年休假的假期。

职工有下列情形之一的，不享受当年的年休假：

①职工依法享受寒、暑假，其休假天数多于年休假天数的。

②职工请事假累计20天以上且单位按照规定不扣工资的。

③累计工作满1年、不满10年的职工，请病假累计2个月以上的。

④累计工作满10年不满20年的职工，请病假累计3个月以上的。

⑤累计工作满20年以上的职工，请病假累计4个月以上的。

（4）获得劳动安全卫生保护的权利

1）用人单位必须建立、健全劳动安全卫生制度，严格执行国家劳动安全卫生规程和标准，对劳动者进行劳动安全卫生教育，防止劳动过程中的事故，减少职业危害。

2）用人单位必须为劳动者提供符合国家规定的劳动安全卫生条件和必要的劳动防护用品，用人单位必须对从事有职业危害作业的劳动者安排定期健康检查。

3）劳动者对用人单位管理人员违章指挥、强令冒险作业，有权拒绝执行。对危害生命安全和身体健康的行为，有权提出批评、检举和控告。

典型案例分析

季某因文化程度低，找工作难度较大，在与一煤矿签订劳动合同时处于弱势，合同中规定在合同期间若发生意外事故，不论什么原因，煤矿概不负责。半年后，煤矿发生瓦斯泄漏事故，导致季某中毒，季某家属要求煤矿支付医疗费，但煤矿以合同规定为由，拒不支付医疗费。季某及其家属诉诸法院，法院裁定该合同有关意外事故造成人员伤亡概不负责的约定是违法的，其协议无效，煤矿应当支付季某的全部医疗费并给予其适当的生活补助费，并建议劳动管理部门对煤矿的安全隐患进行检查、督促整改。

思考：分析法院判决的法律依据。

分析：劳动者的劳动安全卫生保护的权利是法定权利，任何单位在签订的劳动合同中违背该法定义务都是无效的。

（5）接受职业技能培训的权利

用人单位应当建立职业培训制度，培训种类主要有：

1）入职培训，是用人单位对每个初入单位的新员工介绍企业历史、基本工作流程、行为规范、组织结构、人员结构和处理同事关系等内容的培训。从事技术工种的劳动者，上岗前必须经过培训。

2）晋升培训，是对拟晋升人员或后备人才进行的，旨在使其达到更高一级岗位要求的培训。

3）轮岗培训，是在预定的时间内，将受训者相互变换工作岗位，使其获得不同岗位工作经验的培训。

(6) 享受社会保险和福利的权利

国家发展社会保险事业，建立社会保险制度，设立社会保险基金，使劳动者在年老、患病、工伤、失业、生育等情况下能够获得帮助和补偿，劳动者享受的社会保险金必须按时足额支付。劳动者死亡后，其遗属依法享受遗属津贴。

(7) 提请劳动争议处理的权利

提请劳动争议处理权是指劳动者在劳动过程中因权益问题与用人单位发生争议时，享有的请求有关部门对争议进行处理的权利。

劳动者提请劳动争议处理的权利，具体包括以下内容：

1) 争议处理方式选择权。即劳动者在行使提请劳动争议处理权时，依法享有的对争议处理途径和方式的选择权。当事人可以选择协商、依法申请调解、仲裁、提起诉讼等处理方式。

2) 请求劳动争议处理机构依法受理争议的权利。要求劳动争议处理机构受理争议，是劳动者该项权利的实质和核心，当争议处理机构不予受理时，劳动者有权要求受理机构说明不予受理的理由和原因，并且受理机构必须作出答复。

3) 控告权。任何组织和个人对于违反劳动法律、法规的行为有权检举和控告。

(8) 依法参加和组织工会的权利

劳动者有依法参加和组织工会的权利，任何组织和个人不得阻挠和限制。

5. 劳动者的义务

(1) 履行义务，完成劳动任务

履行义务，完成劳动任务是劳动者的法定义务，同时也是强制性义务。劳动者不能完成劳动义务，就意味着劳动者违反劳动合同的约定，用人单位可以解除劳动合同。

(2) 提高职业技能

提高职业技能，既是劳动者的权利，也是劳动者的义务。职业技能的高低直接影响劳动生产率水平，因此，劳动者必须不断提高职业技能。

(3) 执行劳动安全、卫生规程

作为劳动者，必须遵守执行劳动安全、卫生规程的义务。劳动安全、卫生规程是指在劳动过程中保护劳动者生命安全和身体健康的制度。

(4) 遵守劳动纪律和职业道德

劳动纪律是指劳动者在劳动过程中应遵守的劳动规则和劳动秩序。劳动者必须按照规定的时间、质量、程序和方法，完成自己承担的生产和工作任务。

6. 竞业限制

对负有保密义务的劳动者，用人单位可以在劳动合同或者保密协议中与劳动者约定竞业限制条款，并约定在解除或者终止劳动合同后，在竞业限制期限内按月给予劳动者经济补偿。劳动者违反竞业限制约定的，应当按照约定向用人单位支付违约金。

竞业限制的人员限于用人单位的高级管理人员、高级技术人员和其他负有保密义务的人员。竞业限制的范围、地域、期限由用人单位与劳动者约定，竞业限制的约定不得违反法律、法规的规定。

在解除或者终止劳动合同后，对负有保密义务的劳动者到与本单位生产或者经营同类产品、从事同类业务的有竞争关系的其他用人单位，或自己开业生产或者经营同类产品、从事同类业务的竞业限制期限，不得超过2年。

7. 女职工和未成年工的特殊保护

未成年工是指年满16周岁、未满18周岁的劳动者。

（1）禁止安排女职工从事矿山井下、国家规定的第四级体力劳动强度的劳动和其他禁忌从事的劳动。常见职业体力劳动强度分级见表5—1。

表5—1　　常见职业体力劳动强度分级表

体力劳动强度分级	职业描述
Ⅰ（轻劳动）	坐姿：手工作业或腿的轻度活动（正常情况下，如打字、缝纫、脚踏开关等）；立姿：操作仪器，控制、查看设备，上臂用力为主的装配工作
Ⅱ（中等劳动）	手和臂持续动作（如锯木头等）；臂和腿的工作（如卡车、拖拉机或建筑设备等运输操作）；臂和躯干的工作（如锻造、风动工具操作、粉刷、间断搬运中等重物、除草、锄田、摘水果和蔬菜等）
Ⅲ（重劳动）	臂和躯干负荷工作（如搬重物、铲、锤锻、锯刨或凿硬木、割草、挖掘等）
Ⅳ（极重劳动）	大强度的挖掘、搬运

（2）不得安排女职工在经期从事高处、低温、冷水作业和国家规定的第三级体力劳动强度的劳动。

（3）不得安排女职工在怀孕期间从事国家规定的第三级体力劳动强度的劳动和孕期禁忌从事的劳动。对怀孕7个月以上的女职工，不得安排其延长工作时间和夜班劳动。

（4）女职工生育享受不少于14周的产假。

（5）不得安排女职工在哺乳未满1周岁的婴儿期间从事国家规定的第三级体力劳动强度的劳动和哺乳期禁忌从事的其他劳动，不得安排其延长工作时间和夜班劳动。

（6）不得安排未成年工从事矿山井下、有毒有害、国家规定的第四级体力劳动强度的劳动和其他禁忌从事的劳动。

（7）用人单位应当对未成年工定期进行健康检查。

二、劳动关系

1. 劳动关系的概念

劳动关系是指用人单位与劳动者之间，依法所确立的劳动过程中的权利义务关系。用人单位自用工之日起即与劳动者建立劳动关系。用人单位与劳动者在用工前订立劳动合同的，劳动关系自用工之日起建立。

2. 劳动关系的构成

（1）劳动关系的主体。劳动关系的主体即劳动关系的双方当事人，一方是劳动者，另一方是劳动者所在单位。

（2）劳动关系的内容。劳动关系的内容包括劳动者和用人单位之间形成的权利和义务。

劳动者要遵守单位内部的劳动规则以及有关制度，受用人单位管理。同时用人单位也不能违反法律的强制性规定。

（3）劳动关系的客体。劳动关系的客体即劳动者和用人单位之间形成的权利和义务共同指向的对象，包括劳动时间、劳动报酬、休息休假、劳动安全、劳动纪律、社会保险、培训等方面形成的关系。

三、劳动合同

1. 劳动合同的概念和原则

劳动合同是劳动者与用人单位之间依法确立劳动关系，明确双方权利义务的书面协议。

订立劳动合同应当遵循合法、公平、平等、自愿、协商、诚实信用的原则。

2. 劳动合同的种类

（1）按劳动合同的期限为标准分类

1）固定期限劳动合同。固定期限劳动合同是指用人单位与劳动者约定合同终止时间的劳动合同，一般有 1 年、3 年、5 年等。

2）无固定期限劳动合同。无固定期限劳动合同是指用人单位与劳动者约定无确定终止时间的劳动合同。订立无固定期限劳动合同，可以更有利于促进劳动关系的稳定。

劳动者在同一用人单位连续工作满 10 年以上，当事人双方同意续延劳动合同的，如果劳动者提出订立无固定期限的劳动合同，应当订立无固定期限的劳动合同。

3）以完成一定工作任务为期限的劳动合同。以完成一定工作任务为期限的劳动合同是指用人单位与劳动者约定以完成某项工作为合同期限的劳动合同，一般用于工程建设合同或突击性劳务。

（2）按劳动合同产生的方式分类

1）录用合同。录用合同是指用人单位通过面向社会公开招工、全面考核和择优录用等程序与劳动者签订的劳动合同。

2）借调合同。借调合同是指由借调单位、被借调单位与劳动者三者之间，为确立借调关系、明确相互之间劳动权利和劳动义务所订立的劳动合同。

3）委派合同。委派合同是指委派单位、接受委派单位和劳动者之间，就委派劳动者到接受单位工作而订立的明确相互之间权利和义务的协议。

（3）以劳动合同确定的劳动者工作的时间长短为标准分类

1）全日制合同。全日制合同是指劳动者在同一用人单位每日和每周工作时间的平均数超过一定小时的用工合同。全日制用工的劳动者只能与一个用人单位订立劳动合同。

2）非全日制合同。非全日制合同是指以小时计酬为主，劳动者在同一用人单位一般平均每日工作时间不超过 4 小时，每周工作时间累计不超过 24 小时的用工合同。非全日制用工的劳动者可以与一个或者一个以上用人单位订立劳动合同，但需要注意的是，后订立的劳动合同不得影响先订立劳动合同的履行。

（4）以劳动者一方人数多少为标准分类

1）个体劳动合同。个体劳动合同是指用人单位与单个的劳动者签订的劳动合同，只对双方当事人有效。

2）集体劳动合同。集体劳动合同是指企业全体职工与用人单位通过平等协商，就劳动报酬、工作时间、休息休假、劳动安全卫生、保险福利等事项，所订立的适用于全体员工的合同。

3. 劳动合同的订立

（1）劳动合同订立的主体

劳动合同由用人单位与劳动者协商一致，并经用人单位与劳动者在劳动合同文本上签字或盖章生效。

1）劳动合同订立主体的资格要求。劳动者需要有劳动权利能力和行为能力。用人单位有用人权利能力和行为能力。

禁止用人单位招用未满 16 周岁的未成年人。文艺、体育和特种工艺单位招用未满 16 周岁的未成年人，必须依照国家有关规定，履行审批手续，并保障其接受义务教育的权利。

2）劳动合同订立主体的义务和责任。用人单位招用劳动者时，应当如实告知劳动者工作内容、工作条件、工作地点、职业危害、安全生产状况、劳动报酬，以及劳动者要求了解的其他情况。

用人单位招用劳动者，不得扣押劳动者的居民身份证和其他证件，不得要求劳动者提供担保或者以其他名义向劳动者收取财物。用人单位扣押劳动者居民身份证的，由劳动行政部门责令限期退还劳动者本人，并依照有关法律规定给予处罚。用人单位以担保或者其他名义向劳动者收取财物的，由劳动行政部门责令限期退还劳动者本人，并以每人500元以上、2 000元以下的标准对用人单位处以罚款。给劳动者造成损害的，应当承担赔偿责任。

典型案例分析

甲公司新招聘5名销售人员，1名会计人员，向每人收取了3 000元押金，以保证6名新进人员在公司工作满3年。

思考：甲公司的做法有何不妥？

分析：根据劳动法律制度的规定，用人单位不得要求劳动者提供担保或者以其他名义向劳动者收取财物。甲公司以在公司工作3年为由收取押金，违反了《劳动法》的规定，劳动行政部门可以责令甲公司将押金退还给6名新进人员，并可以根据实际收取押金人数按每人500元以上、2 000元以下的标准对甲公司处以罚款。

（2）劳动合同订立的时间

1）用人单位自用工之日起即与劳动者建立了劳动关系，并应当订立书面劳动合同。

2）已建立劳动关系，未同时订立书面劳动合同的，应当自用工之日起1个月内订立书面劳动合同。

3）劳动合同在建立劳动关系之前订立的，劳动关系自用工之日起建立。

（3）试用期

试用期是指用人单位和劳动者双方相互了解，确定对方是否符合自己的招聘条件或求职条件而约定的考察期。试用期包含在劳动合同期限内，劳动合同仅约定试用期的，试用期不成立，该期限为劳动合同期限。

1）试用期期限。劳动合同期限3个月以上不满1年，试用期不得超过1个月；劳动合同期限1年（含1年）以上不满3年的，试用期不得超过2个月；劳动合同期3年（含3年）以上固定期限和无固定期限的，试用期不得超过6个月。以完成一定工作任务为期限的劳动合同或者劳动合同期限不满3个月的，不得约定试用期；用人单位与同一劳动者只能约定一次试用期。

2）试用期工资。劳动者在试用期的工资不得低于本单位相同岗位最低档工资或者劳动合同约定工资的80%，并不得低于用人单位所在地的最低工资标准。用人单位低于当地最低工资标准支付劳动者工资的，由劳动行政部门责令限期支付差额；逾期不支付的，责令用人单位按应付金额50%以上、100%以下的标准向劳动者加付赔偿金。

（4）劳动合同订立的主要条款

1）用人单位的名称、住所和法定代表人或者主要负责人。

2）劳动者的姓名、住址和居民身份证或者其他有效身份证件号码。

3）劳动合同期限。

4）工作内容和工作地点。

5）工作时间和休息休假。

6）劳动报酬。

7）社会保险。

8）劳动保护、劳动条件和职业危害防护。

9）法律、法规规定应当纳入劳动合同的其他事项。

典型案例分析

小王于2016年6月30日大学毕业，通过校园招聘到甲公司从事会计工作。双方订立的劳动合同期限为2016年7月1日至2018年6月30日，其中试用期为2016年7月1日至2016年12月31日，约定试用期月工资1 500元，转正后月工资3 500元。2016年当地最低月工资标准为1 770元。2017年9月，双方劳动合同解除。

在解除劳动合同后，小王以甲公司违反《劳动合同法》中有关试用期的规定为由提起仲裁，认为公司与自己签定的劳动合同期限为2年，但约定试用期为6个月，违反了法律规定，要求公司支付违法约定试用期的赔偿金8 540元。仲裁委员会支持了小王的请求。

甲公司不服仲裁裁决，认为劳动合同是双方真实意思的表示，小王在入职时对试用期约定没有提出任何异议，应当视为认可公司有关试用期的约定。为此甲公司提起诉讼，要求法院撤销仲裁裁决。法院审理后认为，仲裁裁决正确，驳回了甲公司的申请。

思考：劳动仲裁委员会和法院为什么都支持小王的申请？

分析：本案例涉及的是关于试用期期限和试用期工资的问题。

1. 关于试用期的期限问题。根据《劳动合同法》第十九条规定，劳动合同期限3个月以上、不满1年的，试用期不得超过1个月；劳动合同期限1年以上、不满3年的，试用期不得超过2个月；3年以上固定期限和无固定期限的劳动合同，试用期不得超过6个月。以完成一定工作任务为期限的劳动合同或者劳动合同期限不满3个月的，不得约定试用期。试用期包含在劳动合同期限内。《劳动合同法》中关于试用期的规定系强制性规定，当事人之间的约定不能违背法律规定。本案例中，甲公司与小王的劳动合同期限为2年，试用期不应超过2个月，但约定试用期为6个月，违反了法律规定。

2. 关于试用期工资的规定。根据《劳动合同法》第八十三条规定，用人单位违反本法规定与劳动者约定试用期的，由劳动行政部门责令改正；违法约定的试用期已经履行的，由用人单位以劳动者试用期满月工资为标准，按已经履行的超过法定试用期的期间向劳动者支付赔偿金。此外，《劳动合同法》也对劳动者在试用期的工资做了界定。

劳动者在试用期的工资不得低于本单位相同岗位最低档工资或者劳动合同约定工资的80%，并不得低于用人单位所在地的最低工资标准。试用期工资低于当地最低工资时，不足的部分应补付。小王要求支付违法约定试用期的赔偿金8 540元，由两个部分组成：试用期2个月应补付（1 770−1 500）×2＝540（元），其余4个月应补付（3 500−1 500）×4＝8 000（元）。

思考与练习

1. 简述劳动者的概念及劳动者的权利、义务。
2. 什么叫作劳动合同？劳动合同有哪几种？

第二节　劳动合同的履行及终止

知识目标

- 了解劳动合同履行的原则
- 掌握劳动合同的解除及终止的情形
- 了解经济补偿的概念

能力目标

- 能够严格、全面地履行劳动合同
- 能够解决劳动合同解除或终止情形时的经济补偿问题

一、劳动合同履行的原则

劳动合同履行是指双方当事人按照劳动合同规定的条件，履行自己所应承担义务的行为。

1. 全面履行原则

（1）用人单位应当按照劳动合同约定和国家规定，向劳动者及时足额支付劳动报酬。用人单位拖欠或者未足额支付劳动报酬的，劳动者可以依法向当地人民法院申请支付令，人民法院应当依法发出支付令。

（2）用人单位应当严格执行劳动定额标准，不得强迫或者变相强迫劳动者加班。用人单位安排加班的，应当按照国家有关规定向劳动者支付加班费。

（3）用人单位管理人员违章指挥、强令冒险作业，劳动者予以拒绝的，不视为违反劳动合同。劳动者对危害生命安全和身体健康的劳动条件，有权对用人单位提出批评、检举和控告。

（4）用人单位变更名称、法定代表人、主要负责人或者投资人等事项，不影响劳动合同的履行。

（5）用人单位发生合并或者分立等情况，原劳动合同继续有效，劳动合同由承继其权利和义务的用人单位继续履行。

2. 亲自履行原则

劳动合同是用人单位与劳动者之间特定的合同，必须由当事人来履行，不允许当事人以外的其他人代替履行。

3. 协作履行原则

协作履行就是劳动合同的双方当事人在履行劳动合同的过程中，有互相协作、共同完成劳动合同规定的义务。用人单位应当依法建立和完善规章制度，保障劳动者享有劳动权利，履行劳动义务。用人单位在制定、修改或者决定直接涉及劳动者切身利益的规章制度和重大事项时，应提出方案和意见，经职工代表大会或者全体职工讨论，与工会或者职工代表平等协商确定。在规章制度和重大事项决定实施过程中，工会或者职工认为不适当的，有权向用人单位提出，通过协商予以修改、完善。

二、劳动合同的变更

1. 劳动合同变更的含义

劳动合同的变更是指劳动合同依法订立后，在尚未履行或者尚未履行完毕之前，经用人单位和劳动者双方当事人协商同意，对劳动合同内容做部分修改、补充或者删减的行为。

2. 劳动合同变更的条件

（1）用人单位与劳动者协商一致。在一般情况下，只要用人单位与劳动者协商一致，即可变更劳动合同约定的内容。

（2）自愿协商。用人单位和劳动者之间应当采取自愿协商的方式，不允许合同的一方当事人未经协商单方变更劳动合同。一方当事人未经对方当事人同意任意改变合同内容的，该变更无效，变更后的内容对另一方当事人没有约束力。

（3）劳动合同的变更只是对原劳动合同的部分内容做修改、补充或者删减，而不是对合同内容的全部变更。

3. 劳动合同变更的情形

（1）订立劳动合同所依据的法律、法规已经修改或者废止合同签订时所依据的法律、法规发生修改或者废止，如果不变更合同，就可能出现与法律、法规不相符，甚至是违反法律、法规的情况。

（2）用人单位方面的原因

用人单位经上级主管部门批准或者根据市场变化决定转产、调整生产任务或者生产经营项目等。在这种情况下，有些工种、产品生产岗位就可能因此而撤销，或者为新的工种、岗位所替代，原劳动合同就可能因签订条件的改变而发生变更。

（3）劳动者方面的原因

如劳动者的身体健康状况发生变化、劳动能力部分丧失、所在岗位与其职业技能不相适应、职业技能提高了一定等级等，造成原劳动合同不能履行，或者如果继续履行原合同规定的义务对劳动者明显不公平的情况，应变更劳动合同。

（4）客观原因

1）由于不可抗力的发生使得原合同的履行成为不可能或者失去意义。不可抗力是指当事人所不能预见、不能避免并且不能克服的客观情况，如自然灾害、意外事故、战争等。

2）由于物价大幅度上升等客观经济情况变化致使劳动合同的履行会花费太大代价而失去经济上的价值。

劳动合同订立时所依据的客观情况发生重大变化，致使劳动合同无法履行，经用人单位与劳动者协商，未能就变更劳动合同内容达成协议的，用人单位在提前30日以书面形式通知劳动者本人或者额外支付劳动者1个月工资后，可以解除劳动合同。

4. 劳动合同变更的注意事项

（1）必须在劳动合同依法订立之后，在合同没有履行或者尚未履行完毕之前的有效时间内进行，即劳动合同双方当事人已经存在劳动合同关系，如果劳动合同尚未订立或者是已经履行完毕，则不存在劳动合同的变更问题。

（2）必须坚持平等自愿、协商一致的原则，即劳动合同的变更必须经用人单位和劳动者双方当事人的同意。劳动合同允许变更，但不允许单方变更，任何单方变更劳动合同的行为都是无效的。

（3）必须合法，不得违反法律、法规的强制性规定。

（4）变更劳动合同必须采用书面形式。劳动合同双方当事人经协商后对劳动合同中约定内容的变更达成一致意见时，必须达成变更劳动合同的书面协议，任何口头形式达成的变更协议都是无效的。

（5）劳动合同的变更要及时进行。提出变更劳动合同的主体可以是用人单位，也可以是劳动者，无论是哪一方要求变更劳动合同的，都应当及时向对方提出变更劳动合同的要求，说明变更劳动合同的理由、内容和条件等。

三、劳动合同的解除

劳动合同的解除是指在劳动合同订立后，劳动合同期限届满之前，因双方协商提前结束劳动关系，或因出现法定的情形，一方当事人通知对方结束劳动关系的法律行为。劳动合同解除分为协商解除和法定解除两种情况。解除劳动合同是维护劳动合同当事人正当权益的重要保证。从表面上看，解除劳动合同对维护劳动关系是一种消极行为，但实际上具有积极作用，有利于发挥合同机制的作用，维护劳动合同的严肃性，增强当事人的责任心。

1. 协商解除

协商解除是指劳动合同订立后，双方当事人因某种原因，在完全自愿的基础上协商一致，提前终止劳动合同，结束劳动关系。

（1）由用人单位提出解除劳动合同而与劳动者协商一致的，必须依法向劳动者支付经济补偿。

（2）由劳动者主动辞职而与用人单位协商一致解除劳动合同的，用人单位无须向劳动者支付经济补偿。

2. 法定解除

法定解除是指在出现国家法律、法规或劳动合同规定的可以解除劳动合同的情形时，无须当事人协商一致，一方当事人即可决定解除劳动合同。劳动合同效力可以自然终止或由单方提前终止。在这种情形下，主动解除劳动合同的一方一般负有主动通知对方的义务。

（1）劳动者单方解除

劳动者单方面解除合同，从法律上来说是劳动者辞职权的行使。

1）劳动者应提前 30 日以书面形式通知用人单位，可以解除劳动合同。

2）劳动者在试用期内提前 3 日通知用人单位，可以解除劳动合同。

3）有下列情形之一的，劳动者可以随时通知用人单位解除劳动合同：

①未按照劳动合同约定提供劳动保护或者劳动条件的。

②未及时足额支付劳动报酬的。

③未依法为劳动者缴纳社会保险费的。

④用人单位以暴力、威胁或者非法限制人身自由的手段强迫劳动者劳动的。

⑤用人单位违章指挥、强令冒险作业，危及劳动者人身安全的。

⑥用人单位的规章制度违反法律、法规的规定，损害劳动者权益的。

⑦用人单位以欺诈、胁迫的手段或者乘人之危，使劳动者在违背真实意思的情况下订立或者变更劳动合同的。

⑧用人单位在劳动合同中免除自己的法定责任、排除劳动者权利的。

⑨用人单位违反法律、行政法规强制性规定的。

典型案例分析

2016 年 5 月 10 日，李某与甲公司签订了为期 3 年的劳动合同，试用期为 3 个月，试用期满后，李某发现甲公司未为其缴纳社保费，李某咨询甲公司财务负责人时被告知，试用期内不予缴纳社保费，同时甲公司以劳动合同期 3 年（含 3 年）以上固定期限和无固定期限的，试用期不得超过 6 个月为理由，要求李某与甲公司再次签订为期 3 个月的试用期。李某不同意甲公司提出再次签订试用期的要求，于是提出解除劳动合同，并要求甲公司补缴 3 个月的社保费和支付相应的经济补偿费。

思考：1. 关于合同中试用期的说法，是否合法？

2. 李某的要求是否符合法律规定？为什么？

分析：1. 合同签订试用期为 3 个月是合法的。根据《劳动合同法》第十九条规定，劳动合同期限 3 个月以上不满 1 年的，试用期不得超过 1 个月；劳动合同期限 1 年以上不满 3 年的，试用期不得超过 2 个月；3 年以上固定期限和无固定期限的劳动合同，试用期不得超过六个月；以完成一定工作任务为期限的劳动合同或者劳动合同期限不满 3 个月的，不得约定试用期；但 3 个月试用期满要求再次签订 3 个月的试用期不合法，因为《劳动合同法》规定，用人单位与同一劳动者只能约定一次试用期。

2. 李某提出解除劳动合同，并要求甲公司补缴 3 个月的社保费和支付相应的经济补偿费是合法的。因为用人单位和劳动者参加社会保险是法定的义务，只要建立了劳动关系就应当依法参加社会保险、缴纳社会保险费。试用期包括在劳动合同期限中，试用期同样属于劳动关系的存续期间。因此，用人单位也应当为试用期内的员工缴纳社会保险费。该公司未依法为李某缴纳社会保险费，李某有权随时通知甲公司解除劳动合同，并有权要求甲公司补缴社保费和经济补偿费。

（2）用人单位单方解除

1）无过失性辞退。出现下列情形之一，用人单位提前 30 日以书面形式通知劳动者本人或者额外支付劳动者 1 个月工资后，可以解除劳动合同：

①劳动者患病或者非因工负伤，在规定的医疗期满后不能从事原工作，也不能从事由用人单位另行安排的工作的。

②劳动者不能胜任工作，经过培训或者调整工作岗位，仍不能胜任工作的。

③劳动合同订立时所依据的客观情况发生重大变化，致使劳动合同无法履行，经用人单位与劳动者协商，未能就变更劳动合同内容达成协议的。

2）过失性辞退。出现下列情形之一，用人单位无须提前 30 日通知，可以即刻辞退劳动者：

①在试用期间被证明不符合录用条件的。

②严重违反用人单位的规章制度的。

③严重失职，营私舞弊，给用人单位造成重大损害的。

④劳动者同时与其他用人单位建立劳动关系，对完成本单位的工作任务造成严重影响，或者经用人单位提出，拒不改正的。

⑤被依法追究刑事责任的。

3）经济裁员。有下列情形之一，需要裁减人员 20 人以上，或者裁减不足 20 人但占企业职工总数 10%以上的，用人单位提前 30 日向工会或者全体职工说明情况，听取工会或者职工的意见后，裁减人员方案经向劳动行政部门报告，可以裁减人员。用人单位依法裁减人员，在 6 个月内重新招用人员的，应当通知被裁减的人员，并在同等条件下优先招用被裁减的人员：

①依照企业破产法规定进行重整的。

②生产经营发生严重困难的。

③企业转产、重大技术革新或者经营方式调整，经变更劳动合同后，仍需裁减人员的。

④其他因劳动合同订立时所依据的客观经济情况发生重大变化，致使劳动合同无法履行的。

3. 用人单位不得解除劳动合同的情形

劳动者有下列情形之一的，单位不得解除劳动合同：

（1）从事接触职业病危害作业的劳动者，未进行离岗前职业健康检查，或者疑似职业病病人在诊断或者医学观察期间的。

（2）在本单位患职业病，或者因工负伤并被确认丧失或者部分丧失劳动能力的。

（3）患病或者非因工负伤，在规定的医疗期内的。

（4）女职工在孕期、产期、哺乳期的，劳动合同的期限自动延续至孕期、产期和哺乳期满为止。

（5）在本单位连续工作满 15 年，且距法定退休年龄不足 5 年的。

4. 劳动合同解除的程序

（1）协商解除

1）解除劳动合同的提出。用人单位及劳动者均有权提出解除劳动合同。

2）达成一致。双方在自愿、平等协商的基础上达成一致意见。

3）工作交接。用人单位安排劳动者依照相关规定办理工作交接。

4）结算薪资和经济补偿。在劳动者办理完工作交接后，财务部门应当结算并支付该劳动者薪资。若是用人单位提出解除合同，还应当结算并支付该劳动者的经济补偿。

5）劳动合同解除。完成上述流程后，劳动合同按双方约定解除。

6）出具离职证明。在解除劳动合同时，人力资源部门出具解除劳动合同的证明，并在 15 日内为劳动者办理档案和社会保险关系转移手续。

7）备案。对解除的劳动合同的文本原稿及电子档案进行备案，至少保存 2 年备查。

（2）法定解除

1）劳动者单方面解除。劳动者单方面解除劳动合同的程序如下：

①接受解除劳动合同的书面通知。用人单位接受劳动者解除劳动合同的书面通知并转报人力资源部门。

②工作交接。用人单位安排劳动者依照相关规定进行工作交接。

③结算薪资。在劳动者办理完毕工作交接后，财务部门应当结算并支付该劳动者薪资。

④劳动合同解除。办理完毕工作交接，劳动合同解除。

⑤出具离职证明。在解除劳动合同时，人力资源部门出具解除劳动合同的证明，并在 15 日内为劳动者办理档案和社会保险关系转移手续。

⑥备案。对解除的劳动合同的文本原稿及电子档案进行备案，至少保存 2 年备查。

2）用人单位单方面解除。用人单位单方面解除劳动合同的流程见表 5—2。

表 5—2　　用人单位单方面解除劳动合同的流程

分类	流　程
过失性辞退	1. 通知工会。人力资源部门将解除劳动合同的理由通知工会。由工会提出意见，人力资源部门在研究工会的意见后作出处理，并将处理结果书面通知工会 2. 工作交接。用人单位安排劳动者依照相关规定办理工作交接 3. 结算薪资。在劳动者办理完毕工作交接后，财务部门应当结算并支付该劳动者薪资 4. 劳动合同解除。工作交接完成并结清薪资后，劳动合同即时解除 5. 出具离职证明。在解除劳动合同时，人力资源部门出具解除劳动合同的证明，并在 15 日内为劳动者办理档案和社会保险关系转移手续 6. 备案。对解除的劳动合同的文本原稿、电子档案以及员工过失的证据进行备案，至少保存 2 年备查
无过失性辞退	1. 通知工会。人力资源部门将解除合同的理由通知工会。由工会提出意见，人力资源部门在研究工会的意见后作出处理，并将处理结果书面通知工会 2. 提前通知。人力资源部门提前 30 日以书面形式通知劳动者本人（或者额外支付劳动者 1 个月工资） 3. 工作交接。用人单位安排劳动者依照相关规定办理工作交接 4. 结算薪资和经济补偿。在劳动者办理完毕工作交接后，财务部门应当结算并支付该劳动者薪资和经济补偿 5. 劳动合同解除。工作交接完成并结清薪资和经济补偿后，劳动合同即时解除 6. 出具离职证明。在解除劳动合同时，人力资源部门出具解除劳动合同的证明，并在 15 日内为劳动者办理档案和社会保险关系转移手续 7. 备案。对解除的劳动合同的文本原稿及电子档案进行备案，至少保存 2 年备查

续表

分类	流　程
经济性裁员（20人以上或占企业人数的10%）	1. 说明情况，听取意见。用人单位提前30日向工会或者全体职工说明情况，听取工会或者职工的意见 2. 上报有关部门。拟订裁减人员方案，向劳动行政部门等相关部门报告 3. 工作交接。用人单位安排劳动者按照相关规定办理工作交接 4. 结算薪资和经济补偿。在劳动者办理完毕工作交接后，财务部门应当结算并支付劳动者薪资和经济补偿 5. 劳动合同解除。工作交接完成并结清薪资和经济补偿后，劳动合同即时解除 6. 出具离职证明。在解除劳动合同时，人力资源部门出具解除劳动合同的证明，并在15日内为劳动者办理档案和社会保险关系转移手续 7. 备案。对解除的劳动合同的文本原稿及电子档案进行备案，至少保存2年备查

四、劳动合同的终止

1. 劳动合同终止的含义

劳动合同终止是指劳动合同因期满或出现法律规定的其他劳动合同终止的条件导致其法律效力的消失。

2. 劳动合同终止的法定情形

（1）劳动合同期满。

（2）劳动者开始依法享受基本养老保险待遇的。

（3）劳动者死亡，或者被人民法院宣告死亡或者宣告失踪的。

（4）用人单位被依法宣告破产的。

（5）用人单位被吊销营业执照、责令关闭、撤销或者用人单位决定提前解散的。

（6）法律、行政法规规定的其他情形。

五、经济补偿金

1. 经济补偿金的含义

经济补偿金又称辞退福利，是指按照《劳动法》的规定，在劳动者无过错的情况下，用人单位与劳动者解除或者终止劳动合同时，应给予劳动者经济上的补助。经济补偿金的性质不同于赔偿金和违约金。经济补偿金是法定的，主要针对劳动关系的解除和终止，如果劳动者无过错，用人单位则应给予劳动者一定数额的经济上的补偿。违约金是在合同中约定的，主要是针对劳动者违反了服务期和竞业禁止的约定而向用人单位支付的违约补偿金。赔偿金则是指用人单位和劳动者由于自己的过错给对方造成损害时所应承担的法律后果。

经济补偿金的支付主体只能是用人单位，而违约金的支付主体只能是劳动者，赔偿金的支付主体可能是用人单位，也可能是劳动者。

2. 劳动者获得经济补偿金的条件

（1）有符合法律规定的劳动关系消灭的事实。

（2）劳动者对劳动关系的消灭主观上无过错。

3. 经济补偿金的支付标准

经济补偿金根据劳动者在用人单位的工作年限和工资标准来计算具体金额，并以货币形式支付给劳动者。

经济补偿金=劳动合同解除或终止前劳动者在本单位的工作年限×每工作一年应得的经济补偿=工作年限×月工资

（1）补偿年限

经济补偿金按劳动者在本单位工作的年限，每满 1 年支付 1 个月工资的标准向劳动者支付。6 个月以上不满 1 年的，按 1 年计算；不满 6 个月的，向劳动者支付半个月工资的经济补偿。

劳动者非因本人原因从原用人单位被安排到新用人单位工作的，劳动者在原用人单位的工作年限合并计入新用人单位的工作年限。原用人单位已向劳动者支付经济补偿的，新用人单位在依法解除、终止劳动合同计算支付经济补偿工作年限时，不再计算劳动者在原用人单位的工作年限。

（2）月工资

1）劳动者月工资是指劳动者在劳动合同解除或者终止前 12 个月的平均工资。月工资按照劳动者应得工资计算，包括计时工资、计件工资以及奖金、津贴和补贴等货币性收入。劳动者工作不满 12 个月的，按照实际工作的月数计算平均工资。

2）劳动者在劳动合同解除或者终止前 12 个月的平均工资低于当地最低工资标准的，按照当地最低工资标准计算。

3）劳动者的月工资高于用人单位所在直辖市、省区的市级人民政府公布的本地区上年度职工月平均工资 3 倍的，向其支付经济补偿的标准按职工月平均工资 3 倍的数额支付，向其支付经济补偿的年限最高不超过 12 年。

4）补偿年限和月工资的特殊情形。

①2008 年 1 月 1 日起实施《劳动合同法》，在施行日之前已存续的劳动合同，在施行后解除或者终止，依照《劳动合同法》的规定应当支付经济补偿的，经济补偿年限自《劳动合同法》施行之日起计算。《劳动合同法》施行前按照当时有关规定，用人单位应当向劳动者支付经济补偿的，按照当时有关规定执行。

②用人单位未依法为劳动者缴纳社会保险的，劳动者有权解除劳动合同，用人单位

应支付经济补偿金。

③劳动合同期满后，若用人单位不同意按维持或高于原劳动合同约定条件与劳动者续订劳动合同的，用人单位应当向劳动者支付经济补偿金。

在②③两种情形下，经济补偿的计算年限自 2008 年 1 月 1 日起算。

典型案例分析

黄某与甲公司签订三年期劳动合同，一年零三个月后甲公司向黄某发出解聘通知，要求其办理离职手续，结算黄某当月工资并补偿一个月的工资。

思考：甲公司给予黄某一个月工资的补偿费用是否符合《劳动合同法》的规定？

分析：根据《劳动合同法》的规定，用人单位单方面解除劳动关系，应当结算工资并支付经济补偿金。经济补偿金按劳动者在本单位工作的年限，每满一年支付一个月工资的标准向劳动者支付。六个月以上不满一年的，按一年计算；不满六个月的，向劳动者支付半个月工资的经济补偿。本案例中，甲公司与黄某签订三年期劳动合同，在一年零三个月后发出解聘通知，应支付黄某一个半月工资的补偿费，而甲公司支付黄某一个月工资的补偿费不符合法律规定。

六、集体合同与劳务派遣

1. 集体合同

集体合同是工会代表企业职工一方与企业签订的以劳动报酬、工作时间、休息休假、劳动安全卫生、保险福利等事项为主要内容订立的书面协议。职工一方与用人单位可以订立劳动安全卫生、女职工权益保护、工资调整机制等专项集体合同。

在县级以下区域内，建筑业、采矿业、餐饮服务业等行业可以由工会与企业方面代表订立行业性集体合同，或者订立区域性集体合同。

集体合同草案应当提交职工代表大会或者全体职工讨论通过。集体合同订立后，应当报送劳动行政部门，劳动行政部门自收到集体合同文本之日起 15 日内未提出异议的，集体合同即行生效。

依法订立的集体合同对用人单位和劳动者具有约束力。行业性、区域性集体合同对当地本行业、本区域的用人单位和劳动者具有约束力。

集体合同中劳动报酬和劳动条件等标准不得低于当地人民政府规定的最低标准。用人单位与劳动者订立的劳动合同中劳动报酬和劳动条件等标准不得低于集体合同规定的标准。

用人单位违反集体合同，侵犯职工劳动权益的，工会可以依法要求用人单位承担责任。因履行集体合同发生争议，经协商解决不成的，工会可以依法申请仲裁、提起诉讼。

2. 劳务派遣

劳务派遣是指由劳务派遣单位与劳动者订立劳动合同，与用工单位订立劳务派遣协议，派遣劳动者向用工单位提供劳务的形式。

劳动合同用工是我国的企业基本用工形式。劳务派遣用工是补充形式，只能在临时性、辅助性或者替代性的工作岗位上实施。临时性工作岗位是指存续时间不超过6个月的岗位。辅助性工作岗位是指为主营业务岗位提供服务的非主营业务岗位。替代性工作岗位是指用工单位的劳动者因脱产学习、休假等原因无法工作的一定期间内，可以由其他劳动者替代工作的岗位。

劳务派遣协议应当约定派遣岗位和人员数量、派遣期限、劳动报酬和社会保险费的数额与支付方式以及违反协议的责任。劳务派遣单位与被派遣劳动者订立的劳动合同，应当载明被派遣劳动者的用工单位以及派遣期限、工作岗位等情况。用工单位应当根据工作岗位的实际需要与劳务派遣单位确定派遣期限，不得将连续用工期限分割订立成数个短期劳务派遣协议。

劳务派遣单位是用人单位，应当履行用人单位对劳动者的义务。用人单位不得设立劳务派遣单位向本单位或者所属单位派遣劳动者。

经营劳务派遣业务，应当向劳动行政部门依法申请行政许可。经许可的，依法办理相应的公司登记。未经许可，任何单位和个人不得经营劳务派遣业务。

（1）经营劳务派遣业务应具备的条件

1）注册资本不得少于人民币200万元。

2）有与开展业务相适应的固定的经营场所和设施。

3）有符合法律、行政法规规定的劳务派遣管理制度。

4）法律、行政法规规定的其他条件。

（2）劳务派遣用工单位应当履行的义务

1）执行国家劳动标准，提供相应的劳动条件和劳动保护。

2）告知被派遣劳动者的工作要求和劳动报酬。

3）支付加班费、绩效奖金，提供与工作岗位相关的福利待遇。

4）对在岗被派遣劳动者进行工作岗位所必需的培训。

5）连续用工的，实行正常的工资调整机制。

6）用工单位不得将被派遣劳动者再派遣到其他用人单位。

（3）劳务派遣的报酬及权益

1）劳务派遣单位应当与被派遣劳动者订立两年以上的固定期限劳动合同，按月支付劳动报酬。劳务派遣单位跨地区派遣劳动者的，被派遣劳动者享有的劳动报酬和劳动条件，按照用工单位所在地的标准执行。

2）被派遣劳动者在无工作期间，劳务派遣单位应当按照所在地人民政府规定的最低工资标准，向其按月支付报酬。劳务派遣单位不得克扣用工单位按照劳务派遣协议支付给被派遣劳动者的劳动报酬。

3）被派遣劳动者享有与用工单位的劳动者同工同酬的权利。用工单位应当按照同工同酬原则，对被派遣劳动者与本单位同类岗位的劳动者实行相同的劳动报酬分配办法。用工单位无同类岗位劳动者的，参照用工单位所在地相同或者相近岗位劳动者的劳动报酬确定。

4）劳务派遣单位和用工单位不得向被派遣劳动者收取费用。

5）被派遣劳动者有权在劳务派遣单位或者用工单位依法参加或者组织工会，维护自身的合法权益。

七、非全日制用工

非全日制用工是指以小时计酬为主，劳动者在同一用人单位一般平均每日工作时间不超过4小时，每周工作时间累计不超过24小时的用工形式。

非全日制用工双方当事人可以订立口头协议。从事非全日制用工的劳动者可以与一个或者一个以上用人单位订立劳动合同，但是，后订立的劳动合同不得影响先订立的劳动合同的履行。

非全日制用工双方当事人不得约定试用期。非全日制用工双方当事人任何一方都可以随时通知对方终止用工。非全日制终止用工，用人单位不向劳动者支付经济补偿。

非全日制用工小时计酬标准不得低于用人单位所在地人民政府规定的最低小时工资标准。非全日制用工劳动报酬结算支付周期最长不得超过15日。

典型案例分析

李某于2010年大学毕业后被分配到某公司从事科研工作。2011年单位出资10万元派李某到国外培训。2013年2月，李某与公司签订了为期11年的劳动合同。合同约定，单位出资培训过的人员服务期限不得少于10年。2015年4月，李某欲另谋高就，向单位提出辞职申请。单位不同意，而李某认为根据《劳动合同法》的规定，在提出申请30天后，单位应为其办理劳动合同解除手续。双方为此发生争议，李某辞职未成后拒绝上班，造成由李某负责的产品利润比往年同期减少12万元的损失。为此，单位申诉至仲裁委员会，要求李某继续履行合同并赔偿培训费及直接经济损失。

思考：分析本案例中李某的行为是否符合法律规定。

分析：本案例中，李某辞职属于劳动合同的解除问题，而辞职未成后拒绝上班的行为属于违约行为。

劳动者与用人单位可以协商解除劳动合同，也可以单方面提出解除劳动合同。劳动者只需要提前30天（试用期间为3天）以书面形式通知用人单位，即可将劳动合同解除，无须其他条件，也无须用人单位同意。本案例中李某向用人单位提出辞职，并在提出申请30天后要求用人单位办理劳动合同解除手续是合法的。

本案例中，李某与单位之间签订的劳动合同中约定，单位出资培训过的人员服务期限不得少于10年，对李某来说是有约束力的，因此，李某辞职未成后拒绝上班的行为属于违约行为，因而要承担相应的违约和赔偿责任，李某应退还培训费（扣除已提供的服务期费用）和由于李某拒绝上班使其负责的产品利润比往年同期减少12万元损失的赔偿费。

思考与练习

1. 简述劳动合同履行的原则。
2. 简述劳动合同变更的条件。
3. 简述经济补偿金的支付标准。

第三节　社会保险法律制度

知识目标

- 了解社会保险的概念及种类
- 了解五险一金制度

能力目标

- 能够知道社会保险是国家强制性保险制度
- 能够知道社会保险的具体内容

一、社会保障

社会保障制度是指国家通过立法设立社会保险基金，使劳动者在暂时或永久丧失劳动能力以及失业时获得物质帮助和补偿的社会保障制度。社会保障体系包括社会保险、社会救济、社会福利、优抚安置和社会互助等项内容。

二、社会保险

1. 社会保险的概念

社会保险是指国家依法建立的，由国家、用人单位和个人共同筹集资金、建立基金，使个人在年老（退休）、患病、工伤（因工受伤或者患职业病）、失业、生育等情况下获得物质帮助和补偿的一种社会保障制度。这一制度对于保障社会的稳定、解除劳动者的后顾之忧、促进社会发展具有极深远的意义。

县级以上地方人民政府社会保险行政部门负责本行政区域的社会保险管理工作，县级以上地方人民政府其他有关部门在各自的职责范围内负责有关的社会保险工作。

社会保险包括基本养老保险、基本医疗保险、工伤保险、失业保险、生育保险。

2. 社会保险制度的基本原则

（1）社会保险范围“广覆盖”

在我国，用人单位和劳动者必须依法参加社会保险、缴纳社会保险费。医疗保险覆盖全体公民，工伤保险覆盖全体在职劳动者，生育保险覆盖全体育龄人口，失业保险覆盖全体在职劳动者，养老保险覆盖全体劳动者和老年居民。

（2）国家基本保险“保基本”和“可持续”

国家基本保险制度主要功能在于实现社会保障的目标，实现劳有所酬、生有所育、老有所养、病有所医、伤有所供。为保障基本保险的可持续性，必须支持以支定收原则，确保社会保险水平与经济社会发展水平相适应。

（3）社会保险体系“多层次”

我国的社会保险体系呈现出责任主体和制度结构的多元化。基本社会保险仅对劳动者的基本生活水平进行保障，为了保障劳动者享有更高的生活水平，国家鼓励用人单位根据本单位实际情况为劳动者建立补充保险，提倡劳动者个人进行储蓄型保险。

三、基本养老保险

1. 概念

养老保险是国家依据相关法律、法规规定，为解决劳动者在达到国家规定的解除劳动义务的劳动年龄，或因年老丧失劳动能力而退出劳动岗位后而建立的一种保障其基本生活的社会保险制度。目的是以社会保险为手段来保障老年人的基本生活需求，为其提供稳定可靠的生活来源。

养老保险由四个层次组成：基本养老保险、企业补充养老保险、个人储蓄性养老保险和商业养老保险。基本养老保险是第一层次，也是最高层次。

基本养老保险也称国家基本养老保险，是指针对参保人缴费和政府补贴建立养老保险基金，向达到法定领取年龄的成员支付养老金，保障老年人日常支出的社会保障项目。

2. 覆盖范围及费用的缴纳

（1）职工基本养老保险

职工基本养老保险包括在职职工、无雇主的个体工商户、未在用人单位参加职工基本养老保险的非全日制从业人员和灵活就业人员。

职工应当参加基本养老保险，由用人单位和职工共同缴纳基本养老保险费。单位缴费比例为本人缴费工资基数的20%，个人缴费比例为本人缴费工资基数的8%。单位缴费不划入个人账户，进入统筹基金。

缴费工资基数一般为本人上年度月平均工资（或本人上月收入）。月平均工资按照国家统计局规定列入工资总额统计的项目计算，包括工资、奖金、津贴、补贴等收入，不包括用人单位承担或者支付给员工的社会保险费、劳动保护费、福利费、用人单位与员工解除劳动关系时支付的一次性补偿以及计划生育费用等其他不属于工资的费用。

新招职工（包括大学毕业生）以起薪当月工资收入作为缴费工资基数，从第二年起，按上一年实发工资的月平均工资作为缴费工资基数。

个人养老账户月存储额=本人月缴费工资×8%

本人月平均工资低于当地职工月平均工资60%的，按当地职工月平均工资的60%作为缴费基数。本人月平均工资超过当地职工月工资的3倍，按当地职工月平均工资的3倍作为缴费基数，超过部分不计入缴费工资基数，也不计入计发养老金的基数。

个人缴费不计征个人所得税，在计算个人所得税的应税收入时，应当扣除个人缴费的养老保险费。

无雇工的个体工商户、未在用人单位参加基本养老保险的非全日制从业人员以及其他灵活就业人员可以参加基本养老保险，由个人缴纳基本养老保险费。缴费基数为当地上年在岗职工平均工资，缴费比例为20%，其中8%记入个人账户。

个人跨统筹地区就业的，其基本养老保险关系随本人转移，缴费年限累计计算。个人达到法定退休年龄时，基本养老金分段计算、统一支付。

典型案例分析

小王、小张、小李同在甲公司上班，上年度月平均工资分别为2 000元、6 000元、12 800元，当地职工月平均工资为4 000元。

问题：计算小王、小张、小李个人每月应缴纳的基本养老保险费。

分析：当地职工月平均工资为4 000元。

4 000×60%=2 400（元）

4 000×3=12 000（元）

小王月平均工资为2 000元，不足当地平均月工资的60%。因此，应该按2 400元作为缴费工资计算，即每月缴纳的基本养老保险费为2 400×8%=192（元）。

小张每月缴纳的基本养老保险费为6 000×8%=480（元）。

小李的月平均工资为12 800元，超过了当地月平均工资的3倍（即12 000元），应按当地月平均工资的3倍计算。

小李每月缴纳的基本养老保险费为 12 000×8%＝960（元）。

（2）新型农村社会养老保险

新型农村社会养老保险，简称新农保。新农保的特点是采取个人缴费、集体补助和政府补贴相结合的模式，有三个筹资渠道。它的基本原则是“保基本、广覆盖、有弹性、可持续”。一是从农村实际出发，低水平起步，筹资和待遇标准要与经济发展及各方面承受力相适应；二是个人、集体、政府合理分担责任，权利与义务相适应；三是政府引导和农民自愿相结合，引导农民参保；四是先行试点，逐步推开。参加新农保的农村居民应当按规定缴纳养老保险费，缴费标准目前设为每年 100 元、200 元、300 元、400 元、500 元、600 元、800 元、1 000 元八个档次，参保人可自主选择缴费档次，多缴多得（其中 100 元、200 元为特殊群体缴费档次）。中国农民 60 岁以后都将享受到国家普惠式的养老金。

（3）城镇居民社会养老保险制度

城镇居民社会养老保险是覆盖城镇户籍非从业人员的养老保险制度。城镇居民社会养老保险有两个显著特点：一是城镇居民社会养老保险的资金来源除个人缴费外，还有政府对参保人缴费给予的补贴，个人缴费越多，政府补贴也越多，而且个人缴费和政府补贴全部计入参保人的个人账户；二是城镇居民社会养老保险的养老金由个人账户养老金和基础养老金两部分构成，个人账户养老金水平由账户储存额，也就是个人缴费和政府补贴总额来决定，基础养老金则由政府全额支付。

四、基本医疗保险

1. 概念

医疗保险是保障劳动者因病、因伤从国家和社会获取医疗帮助的一项社会保险制度。

2. 覆盖范围及费用的缴纳

（1）职工基本医疗保险

职工应当参加职工基本医疗保险，由用人单位和职工按照国家规定共同缴纳基本医疗保险费。

无雇工的个体工商户、未在用人单位参加职工基本医疗保险的非全日制从业人员以及其他灵活就业人员可以参加职工基本医疗保险，由个人按照国家规定缴纳基本医疗保险费。

基本医疗保险基金由社会统筹使用的统筹基金和个人专项使用的个人账户基金组成。基本医疗保险费由用人单位和个人共同缴纳，具体比例由各地确定。基本医疗保险的缴费基数是用人单位以国家规定的职工工资总额为缴费基数，职工以本人上年工资收入为缴费基数。职工工资收入超过当地职工平均工资3倍的，以当地职工平均工资的3倍为缴费基数。

个人缴费全部划入个人账户，单位缴费按30%左右划入个人账户，其余部分建立统筹基金。个人账户专项用于本人医疗费用支出，可以结转使用和继承，个人账户的本金和利息归个人所有。

参加职工基本医疗保险的个人，达到法定退休年龄时，累计缴费达到国家规定年限的，退休后不再缴纳基本医疗保险费，按照国家规定享受基本医疗保险待遇。未达到国家规定年限的，可以缴费至国家规定年限。

下列医疗费用不纳入基本医疗保险基金支付范围：①应当从工伤保险基金中支付的。②应当由第三人负担的或医疗费用依法应当由第三人负担，第三人不支付或者无法确定第三人的，由基本医疗保险基金先行支付。基本医疗保险基金先行支付后，有权向第三人追偿。③应当由公共卫生负担的。④在境外就医的。

（2）城镇居民基本医疗保险制度

城镇居民基本医疗保险实行个人缴费和政府补贴相结合的方式。享受最低生活保障的人、丧失劳动能力的残疾人、低收入家庭、60周岁以上的老年人和未成年人等所需个人缴费部分，由政府给予补贴。

（3）新型农村合作医疗制度

新型农村合作医疗制度是由政府组织、引导、支持，农民自愿参加，个人、集体和政府多方筹资，以大病统筹为主的农民医疗互助共济制度。

新型农村合作医疗制度一般采取以县（市）为单位进行统筹。农村合作医疗基金是由农民自愿缴纳、集体扶持、政府资助的民办公助社会性资金，要按照以收定支、收支平衡和公开、公平、公正的原则进行管理，必须专款专用、专户储存，不得挤占挪用。

五、工伤保险

1. 概念

工伤保险是指劳动者在职业工作中或规定的特殊情况下遭遇意外伤害或职业病，导致暂时或永久丧失劳动能力以及死亡时，劳动者或其遗属能够从国家和社会获得物质帮助的社会保险制度。

2. 覆盖范围及费用的缴纳

职工（含有雇工的个体工商户）应当参加工伤保险，由用人单位缴纳工伤保险费，职工不缴纳工伤保险费。

国家根据不同行业的工伤风险程度确定行业的差别费率，并根据使用工伤保险基金、工伤发生率等情况在每个行业内确定费率档次。社会保险经办机构根据用人单位使用工伤保险基金、工伤发生率和所属行业费率档次等情况，确定用人单位缴费费率。用人单位应当按照本单位职工工资总额，根据社会保险经办机构确定的费率缴纳工伤保险费。

3. 工伤认定

（1）认定为工伤的情形

1）在工作时间和工作场所内，因工作原因受到事故伤害的。

2）工作时间前后在工作场所内，从事与工作有关的预备性或者收尾性工作受到事故伤害的。

3）在工作时间和工作场所内，因履行工作职责受到暴力等意外伤害的。

4）患职业病的。

5）因工外出期间，由于工作原因受到伤害或者发生事故下落不明的。

6）在上、下班途中，受到非本人主要责任的交通事故或者城市轨道交通、客运轮渡、火车事故伤害的。

7）法律、行政法规规定应当认定为工伤的其他情形。

（2）视同工伤的情形

1）在工作时间和工作岗位，突发疾病死亡或者在48小时之内经抢救无效死亡的。

2）在抢险救灾等维护国家利益和公共利益活动中受到伤害的。

3）职工原在军队服役，因战、因工负伤致残，已取得革命伤残军人证，到用人单位后旧伤复发的。

（3）不能认定为工伤的情形

1）故意犯罪。

2）醉酒或者吸毒。

3）自残或者自杀。

4）法律、行政法规规定的其他情形。

4. 工伤保险的待遇

（1）职工因工作原因受到事故伤害或者患职业病，且经工伤认定的，享受工伤保险待遇。其中，经鉴定丧失劳动能力的，享受伤残待遇。

（2）工伤职工符合领取基本养老金条件的，停发伤残津贴，享受基本养老保险待遇。基本养老保险待遇低于伤残津贴的，从工伤保险基金中补足差额。

（3）职工所在用人单位未依法缴纳工伤保险费，发生工伤事故的，由用人单位支付工伤保险待遇。用人单位不支付的，从工伤保险基金中先行支付。从工伤保险基金中先行支付的工伤保险待遇，应当由用人单位偿还。用人单位不偿还的，社会保险经办机构可以依法追偿。

(4) 由于第三人的原因造成工伤，第三人不支付工伤医疗费用或者无法确定第三人的，由工伤保险基金先行支付。工伤保险基金先行支付后，有权向第三人追偿。

(5) 有下列情形之一的，停止享受工伤保险待遇的：

1) 丧失享受待遇条件的。

2) 拒不接受劳动能力鉴定的。

3) 拒绝治疗的。

5. 工伤保险费用支付途径

(1) 由工伤保险基金中支付的费用

1) 治疗工伤的医疗费用和康复费用。

2) 住院伙食补助费。

3) 到统筹地区以外就医的交通食宿费。

4) 安装配置伤残辅助器具所需费用。

5) 生活不能自理的，经劳动能力鉴定委员会确认的生活护理费。

6) 一次性伤残补助金和一至四级伤残职工按月领取的伤残津贴。

7) 终止或者解除劳动合同时，应当享受的一次性医疗补助金。

8) 因工死亡的，其遗属领取的丧葬补助金、供养亲属抚恤金和因工死亡补助金。

9) 劳动能力鉴定费。

(2) 由用人单位支付的费用

1) 治疗工伤期间的工资福利。

2) 五级、六级伤残职工按月领取的伤残津贴。

3) 终止或者解除劳动合同时，应当享受的一次性伤残就业补助金。

典型案例分析

张某在一家印刷公司工作，每天乘坐地铁上、下班。某日，张某和往常一样乘坐地铁上班，在行驶至某站时，一名女乘客突然晕倒，引发人群躁动。张某在慌乱中不小心被踩踏，致使腰部受伤住院治疗。事后，张某向当地社会保险行政部门申请工伤认定，但被认定为不属于或不视同工伤。

思考：1. 张某申请工伤认定没有得到社会保险行政部门的认定，为什么？

2. 张某受伤住院治疗费能否从工伤基金中支付？

分析：1. 根据《工伤保险条例》第十四条规定，在上、下班途中，受到非本人主要责任的交通事故或者城市轨道交通、客运轮渡、火车事故伤害的，应当认定为工伤。本案例中，张某因女乘客晕倒，引起人群躁动受伤，是地铁站内的踩踏事故，不能属于城市轨道交通事故，不属于上述《工伤保险条例》认定的工伤情形，因此张某不能认定为工伤。

2. 张某受伤住院治疗费用不能从工伤基金中支付，只有认定为工伤的才能从工伤基金中支付。

六、失业保险

1. 概念

失业保险是指国家通过立法强制实行的，由社会集中建立基金，对劳动者在失业期间给予一定的物质帮助，以保障其基本生活并促进其再就业的一项社会保险制度。

2. 覆盖范围及费用的缴纳

城镇企业、事业单位职工应当参加失业保险，由用人单位和职工按照国家的规定共同缴纳失业保险费。城镇企业、事业单位按照本单位工资总额的2%缴纳失业保险费。城镇企业、事业单位招用的农民合同制工人本人不缴纳失业保险费。失业保险基金专款专用，不得挪作他用，不得用于平衡财政收支。失业保险基金由城镇企业、事业单位及其职工缴纳的失业保险费和失业保险基金的利息、财政津贴，依法纳入失业保险基金的资金构成。

3. 失业保险待遇

（1）失业保险待遇的享受条件

失业人员符合下列条件的，可以申请领取失业保险并享受其他失业保险待遇：

1）按照规定参加失业保险，所在单位和本人已按照规定履行缴费义务满一年的。

2）非因本人意愿中断就业的。

3）已办理失业登记，并有求职要求的。

（2）失业保险待遇

1）领取失业保险金。失业保险金的标准由省、自治区、直辖市人民政府确定，不得低于城市居民最低生活保障标准。具体数额由省、自治区、直辖市人民政府确定。

用人单位应当及时为失业人员出具终止或者解除劳动关系的证明，并将失业人员的名单自终止或者解除劳动关系之日起15日内告知社会保险经办机构。失业人员应当持本单位为其出具的终止或者解除劳动关系的证明，及时到指定的公共就业服务机构办理失业登记。社会保险经办机构为失业人员开具领取失业保险金的单证，失业人员凭单证到指定银行领取失业保险金。失业保险金领取期限自办理失业登记之日起计算，失业保险金由社会保险经办机构按月发放。

失业人员失业前所在单位和本人按照规定累计缴费时间满1年不足5年的，领取失业保险金的期限最长为12个月；累计缴费时间满5年不足10年的，领取失业保险金的期限最长为18个月；累计缴费时间10年以上的，领取失业保险金的期限最长为

24 个月。重新就业后，再次失业的，缴费时间重新计算，领取失业保险金的期限可以与前次失业应领取而尚未领取的失业保险金的期限合并计算，但是最长不得超过 24 个月。

单位招用的农民合同制工人连续工作满一年，并且本单位已缴纳失业保险费，劳动合同期满未续订或者提前解除劳动合同的，由社会保险经办机构根据其工作时间长短，对其支付一次性生活补助。补助的办法和标准由省、自治区、直辖市人民政府规定。

2）领取失业保险金期间的基本医疗保险。失业人员在领取失业保险金期间，参加职工基本医疗保险，享受基本医疗保险待遇。失业人员应当缴纳的基本医疗保险费从失业保险基金中支付，个人不缴纳基本医疗保险费。失业人员在领取失业保险金期间患病就医的，可以按照规定向社会保险经办机构申请领取医疗补助金。医疗补助金的标准由省、自治区、直辖市人民政府规定。

3）领取失业保险金期间的死亡补助。失业人员在领取失业保险金期间死亡的，参照当地对在职职工的规定，对其家属一次性发给丧葬补助金和抚恤金。个人死亡同时符合领取基本养老保险丧葬补助金、工伤保险丧葬补助金和失业保险丧葬补助金条件的，其遗属只能选择领取其中的一项。

4）职业介绍和职业培训补贴。失业人员在领取失业保险金期间，应当积极参加职业培训，接受职业介绍，相关费用从失业保险基金中支付。

（3）停止领取失业保险金及其他失业保险费用的情形

失业人员在领取失业保险金期间有下列情形之一的，停止领取失业保险金，并同时停止享受其他失业保险待遇：

1）重新就业的。

2）应征服兵役的。

3）移居境外的。

4）享受基本养老保险待遇的。

5）无正当理由，拒不接受当地人民政府指定部门或者机构介绍的适当工作或者提供的培训的。

典型案例分析

2013 年 8 月 1 日，刘某高中毕业后到甲公司工作，同日与甲公司签订了三年劳动合同，试用期一个月，三年期满解除了劳动关系。此后刘某多次打零工，但一直未与任何单位签订劳动合同。2016 年 12 月 10 日，刘某办理了失业登记。

思考：1. 甲公司应于什么时间将刘某的失业名单告知社会保险经办机构？

2. 刘某领取失业保险金的期限为多长时间？

分析：1. 甲公司应于与刘某解除劳动关系之日起 15 日内将刘某的失业情况告知社

会保险经办机构。

2. 刘某与甲公司签订的劳动合同为 3 年，缴纳失业保险的期限也是 3 年，根据法律规定，失业人员失业前所在单位和本人按照规定累计缴费时间满 1 年不足 5 年的，领取失业保险金的期限最长为 12 个月。因此，刘某领取失业保险金的期限最长为 12 个月，自办理失业登记之日起计算。

七、生育保险

1. 概念

生育保险是国家通过立法，在怀孕和分娩的妇女劳动者暂时中断劳动时，由国家和社会提供医疗服务、生育津贴和产假的一种社会保险制度，包括生育津贴和生育医疗待遇。

2016 年 5 月 1 日起启动生育保险和基本医疗保险合并实施工作，2017 年 2 月 24 日，人力资源和社会保障部举行生育保险和基本医疗保险合并实施试点工作会议，于 2017 年 6 月底在 12 个试点地区启动了两险合并工作。两险合并并不是简单地将生育保险并入医疗保险，而是要保留各自功能，实现一体化运行管理。

2. 覆盖范围及费用的缴纳

职工应当参加生育保险，由用人单位按照国家规定缴纳生育保险费，职工不缴纳生育保险费。

职工享受生育保险待遇，应当同时具备下列条件：

（1）用人单位为职工累计缴费满一年以上，并且继续为其缴费。

（2）符合国家人口与计划生育规定。

3. 生育保险待遇

用人单位已经缴纳生育保险费的，其职工享受生育保险待遇。职工未就业配偶按照国家规定享受生育医疗费用待遇，所需资金从生育保险基金中支付。生育医疗费用主要包括生育的医疗费用、计划生育的医疗费用以及法律、法规规定的其他项目费用。生育津贴是指女职工因生育离开工作岗位期间支付的生活费用，也称带薪假期，主要包括女职工生育享受产假、享受计划生育手术休假和法律、法规规定的其他情形。生育津贴按照职工所在用人单位上年度职工月平均工资计发。

八、住房公积金

1. 概念和特点

（1）概念

住房公积金是指国家机关、国有企业、城镇集体企业、外商投资企业、城镇私营企业及其他城镇企业、事业单位、民办非企业单位、社会团体及其在职职工缴存的长期住房储金。

（2）特点

1）普遍性。城镇在职职工，无论其工作单位性质如何、家庭收入高低、是否已有住房，都必须按规定缴存住房公积金。

2）强制性。单位不办理住房公积金缴存登记或者不为本单位职工办理住房公积金账户设立的，住房公积金的管理中心有权责令其限期办理，逾期不办理的，可以按有关条款进行处罚，并可申请人民法院强制执行。

3）福利性。住房公积金的缴纳包括职工缴纳和单位缴纳两个部分。住房公积金贷款的利率低于同期商业性贷款利率。

4）返还性。职工离休、退休、出国定居或完全丧失劳动能力并与单位终止劳动关系，可办理住房公积金返还手续。

2. 住房公积金缴存范围

住房公积金缴存范围包括下列单位及其在职职工（不含在以下单位工作的外籍员工）：

（1）机关、事业单位。

（2）国有企业、城镇集体企业、城镇私营企业及其他城镇企业或经济组织。

（3）民办非企业单位、社会团体。

（4）外国及港、澳、台商投资企业和其他经济组织常驻代表机构。

3. 住房公积金贷款

（1）个人住房公积金贷款

个人住房公积金贷款是住房公积金管理中心用住房公积金委托商业银行向购买、建造、翻修、大修自住住房、集资合作建房的住房公积金存款人发放的优惠贷款。

（2）个人住房公积金组合贷款

个人住房公积金组合贷款是指当住房公积金贷款额度不足以支付购房款时，借款人在申请住房公积金贷款同时又向受托银行申请商业性个人住房贷款，两部分贷款一起构成组合贷款。组合贷款中住房公积金贷款由管理中心审批，商业性贷款由受托银行审批。

4. 住房公积金额度及贷款年限

职工申请住房公积金贷款的，贷款额度不得高于职工申请贷款时住房公积金账户余额（同时使用配偶住房公积金申请公积金贷款，为职工及配偶住房公积金账户余额之和）的10倍。公积金贷款最高额度各省、市有所区别，应根据当地政策确定贷款最高额度。

贷款年限最高为30年，以夫妻双方年龄大的为准。借款人的年龄与申请贷款期限之和原则上不得超过其法定退休年龄后5年。

思考与练习

1. 社会保障制度的基本原则是什么？
2. 社会保险的种类有哪些？
3. 简述五险一金制度。